August Rocholl

Genossenschafter und Handelsgesellschafter

August Rocholl

Genossenschafter und Handelsgesellschafter

ISBN/EAN: 9783743438262

Hergestellt in Europa, USA, Kanada, Australien, Japan

Cover: Foto ©Suzi / pixelio.de

Manufactured and distributed by brebook publishing software (www.brebook.com)

August Rocholl

Genossenschafter und Handelsgesellschafter

Genossenschafter und Handelsgesellschafter.

Ein Beitrag
zur
Entwickelungsgeschichte
des
neuesten Gesellschaftsrechts.

Inaugural-Dissertation
zur
Erlangung der juristischen Doctorwürde
der
juristischen Facultät
der
Georg-Augusts-Universität zu Göttingen
vorgelegt
von
Arnold Rocholl,
Kammergerichts-Referendar.

Berlin.
A. W. Schade's Buchdruckerei (L. Schade)
Stallschreiberstrasse 45/46.
1890.

· Seinen theuren Eltern

in Liebe und Dankbarkeit

gewidmet

vom

Verfasser.

Inhalt.

    Einleitung . . . . § 1
1. Begründung der Mitgliedschaft . . . . § 2
2. Geschäftsführung . . . . § 3
3. Vereinsvermögen und Mitgliedschaftsantheil § 4
4. Rechtsverhältnisse zu dritten Personen . . § 5
5. Concurs des Vereinsvermögens . . . . § 6
6. Beendigung der Mitgliedschaft . . . . § 7

§ 1.

Einleitung.

Die jüngste Gesellschaftsform des deutschen Rechts, die eingetragene oder Erwerbs- und Wirthschaftsgenossenschaft, ist durch das Reichsgesetz vom 1. Mai 1889, in Kraft getreten am 1. Oktober desselben Jahres, einer tiefgreifenden Reform unterzogen worden. Die wichtigsten Neuerungen sind die Einführung der Genossenschaften mit beschränkter Haftpflicht und mit unbeschränkter Nachschusspflicht neben der Genossenschaft mit unbeschränkter Haftpflicht und die Umgestaltung des Nachschussverfahrens.

Die von Schulze-Delitzsch[1]) im Jahre 1849 gegründeten, »auf dem Princip der Selbsthülfe beruhenden Genossenschaften der deutschen Handwerker und Arbeiter« erschienen im Gebiet des preussischen Rechts in Ermangelung anderer gesetzlicher Formen nach innen corporativ gestaltet als »erlaubte Gesellschaften«[2]), deren Mitglieder im Vertrage mit dritten als Theilnehmer eines gemein-

---
[1]) Parisius & Crüger, IX ff.
[2]) Entwurf, S. 47.

samen Rechts und einer gemeinsamen Verbindlichkeit«[3]) durch ein bevollmächtigtes Mitglied handelten. Das Bundes- spätere Reichsgesetz vom 4. Juli 1868 brachte den in das Genossenschaftsregister eingetragenen Genossenschaften den langersehnten Vortheil, im Rechtsverkehr unter ihrer Firma selbständig auftreten zu können. Die unbeschränkte, solidarische Personalhaft der Mitglieder trat jetzt erst im Concursfalle ein. Damit war die vielerwogene Frage entschieden, ob die Genossenschaft in das System der Handelsgesellschaften des sieben Jahre vorher publicirten Allgemeinen deutschen Handelsgesetzbuches einzureihen sei. Unter den ersteren hatte die offene Gesellschaft vor allem die unbeschränkte, solidare Personalhaft des einzelnen Gesellschafters mit der Genossenschaft gemeinsam. Vor der gesetzlichen Regelung war diese Personalhaft als principale auch für die Genossenschaft die alleinige Creditbasis und, da diese als Unterscheidungsmerkmal der Handelsgesellschaften dient, so war eine grosse Aehnlichkeit unverkennbar. Wenn aber in der Entwickelung des Genossenschaftsrechts als eines Sonderrechts neben dem Handelsrecht eine Garantie dafür liegt, dass der Gesetzgeber dem Wesen der Erwerbs- und Wirthschaftsgenossenschaft gerecht geworden ist, so werden die Gegensätze zwischen den beiden Gesellschaftsformen, die Gründe, welche gegen ihre Verschmelzung sprechen, am besten dargethan durch eine Vergleichung des geltenden Rechts. Sie wird ergeben, dass die Genossenschaft, mitten inne stehend zwischen offener Handelsgesellschaft und Corporation, ein

---

[3] Goldschmidt, S. 45.

eigenthümliches und wichtiges Glied in der Entwickelungsgeschichte des modernen Gesellschaftsrechts bildet, dass es dem Gesetzgeber hier gelungen ist, eine neue Vereinsform zu schaffen, welche, elastisch genug, um sich den verschiedensten wirthschaftlichen Bedürfnissen anzupassen, dennoch von der rein capitalistischen Gestaltung der Actiengesellschaft sich durch die grosse Bedeutung unterscheidet, welche dem persönlichen Moment der Individualität der Mitglieder bei ihr zukommt. Aber es wäre nicht möglich, in dem Rahmen einer kurzen Abhandlung diese Vergleichung für die gesammten Rechtsverhältnisse beider Vereinsformen durchzuführen; vielmehr soll lediglich die rechtliche Stellung der Mitglieder — gleichsam als Stichprobe — herausgegriffen und an ihr die Durchführung jenes gesetzgeberischen Gedankens nachgewiesen werden.

Wir haben dabei auszugehen von den wirthschaftlichen Zwecken, welchen die beiden Vereinsformen zu dienen bestimmt sind. Bei der offenen Handelsgesellschaft ist Gegenstand des Unternehmens ein Handelsgewerbe d. h. der gewerbsmässige Betrieb von Handelsgeschäften, derselbe hat die Kaufmannseigenschaft [4] der offenen Handelsgesellschaft zur Folge. Der Begriff der Handelsgeschäfte aber ist ein beschränkter, das H. G. B. definirt ihn nicht, hat ihn jedoch durch eine erschöpfende Aufzählung der einzelnen Handelsgeschäfte ersetzt [5]. Der Zweck des gemeinsamen Unternehmens besteht in dem Erwerbe, dem Gewinn der einzelnen Theilhaber. Dies ist in

---

[4] H. G. B. Art. 4—5.
[5] H. G. B. Art. 271—274.

dem Gesetz nicht ausdrücklich ausgesprochen, liegt aber im Begriffe der Gewerbsmässigkeit. Derselbe bedeutet die möglicherweise nur einmalige Ausübung einer Thätigkeit mit der Absicht der Erschliessung dauernden Lebensunterhaltes[6]). Die offene Handelsgesellschaft ist somit eine partikuläre Erwerbsgesellschaft, societas negotiationis, lucri, quaestus, nicht eine societas unius rei oder eine allgemeine Erwerbsgesellschaft, societas omnium bonorum[7]). Sie ist dadurch ferner, vom wirthschaftlichen Standpunkt aus betrachtet, thatsächlich ein eigenes Verkehrswesen, eine von der Einzelwirthschaft der Theilhaber gesonderte Wirthschaft, welche einen beträchtlichen Theil der wirthschaftlichen Persönlichkeit der Einzelnen absorbirt[8]). Dieser Umstand musste hervorgehoben werden, weil dadurch ein wesentlicher Unterschied zwischen der offenen Handelsgesellschaft und der Erwerbs- und Wirthschaftsgenossenschaft begründet wird. Auch hier ist ein gemeinsames Unternehmen vorhanden, dessen Gegenstand zwar Betrieb von Handelsgeschäften bilden kann, auch ist der eingetragenen Genossenschaft — aus Gründen, die wesentlich der Art des Betriebes, nicht dem Gegenstande des Unternehmens entlehnt sind — die Kaufmannseigenschaft zugesprochen [G. G. § 17]; aber der Zweck, der hier durch das Mittel des gemeinschaftlichen Geschäftsbetriebes angestrebt wird, durch das Gesetz ausdrücklich fixirt, ist die Förderung des Erwerbs und der Wirtbschaft der Mitglieder — der Credit, den das frühere Gesetz noch nannte, ist darin

---

[6]) Gareis, S. 84.
[7]) Thöl, S. 304.
[8]) Gareis, S. 206; Gierke G. Th., S. 471.

schon enthalten —, nicht der Erwerb oder die Wirthschaft selbst, so dass dieser als der entferntere Zweck mittelbar durch jenen als den näheren, eigentlichen herbeigeführt werden soll [9]). Das Gesetz zählt eine Reihe solcher Zwecke auf, welche, wenn auch ziemlich ausführlich, das weite Arbeitsfeld der Erwerbs- und Wirthschaftsgenossenschaften nicht abgrenzen. Der Geschäftsbetrieb kann darnach bestehen:

1. in der Gewährung von Darlehen zu mässigem Zinssatz, in der billigen Beschaffung von Rohmaterial, in der Errichtung gemeinschaftlicher Verkaufsräume zum Umsatz der von den Einzelnen gefertigten Waaren, in der billigen Beschaffung von landwirthschaftlichen oder gewerblichen Betriebsmitteln zur Benutzung auf gemeinschaftliche Rechnung,
2. in der billigen Beschaffung von Lebens- und Wirthschaftsbedürfnissen durch Ankauf im Grossen, in der Herstellung billiger Wohnungen und
3. in der Production auf gemeinschaftliche Rechnung.

Abgesehen von der uneigentlichen Productivgenossenschaft, welche im wirthschaftlichen Sinne den Handelsgesellschaften dadurch nahe kommt, dass die hier eigenthümliche, das Einzelgewerbe ersetzende Thätigkeit der Mitglieder im gemeinschaftlichen Betriebe wegfällt, somit der Erwerb der Mitglieder der unmittelbare Zweck des Unternehmens wird [10]), konnte die

---

[9]) Parisius & Crüger, S. 8 ff.
[10]) Parisius & Crüger, S. 48.

Erwerbs- und Wirthschaftsgenossenschaft mit vollem Recht als »ergänzende Gesellschaftswirthschaft«[11] bezeichnet werden. Ihre Existenzberechtigung entlehnt sie nicht wie die offene Handelsgesellschaft aus sich selbst, sie nimmt nicht wie diese fast die ganze Einzelwirthschaft in sich auf, sondern sie dient ihr, ermöglicht, erleichtert sie.

Diese die Einzelwirthschaft stark beeinflussende Verschiedenheit des Gegenstandes und Zwecks des gemeinschaftlichen Unternehmens hat die Verschiedenartigkeit der Betheiligung zur directen Folge. Bei der offenen Handelsgesellschaft sind es naturgemäss nur wenige, das Gesetz sagt: »zwei oder mehrere Personen«, welche sich mit vereinten Kräften dem unmittelbaren Zweck gemeinschaftlichen Erwerbes widmen. Die Gesellschaft betreibt ein Handelsgewerbe, welches sich von dem Kleingewerbe durch den mehr als handwerksmässigen Betrieb abhebt[12]. Der Einsatz, den der Einzelne zur Sonderwirthschaft zu leisten hat, setzt daher eine immerhin beträchtliche wirthschaftliche Leistungsfähigkeit voraus, sodass die ökonomisch schwächeren Volksklassen von der Betheiligung an einer offenen Handelsgesellschaft schlechthin ausgeschlossen erscheinen. Mithin wird die Vereinigung weniger, wirthschaftlich leistungsfähiger Kräfte zum Betriebe eines Handelsgewerbes genügen.

Ganz anders bei der eingetragenen Genossenschaft. Sie ist eine »Gesellschaft von nicht geschlossener Mitgliederzahl«. Wenn sie auch Kaufmannseigenschaft hat und Handelsgeschäfte betreiben kann, so fehlt dem Unternehmen doch in der Regel

---

[11] Goldschmidt, S. 109.
[12] H. G. B., Art. 10.

der Begriff der Gewerbsmässigkeit. Da die Förderung des Erwerbs und der Wirthschaft den Mitgliedern bei den Darlehnskassen ausschliesslich, bei den übrigen Genossenschaften in erster Linie zu Gute kommen soll [13]), so machen die darin ausgesprochene Hülfsbedürftigkeit und das Princip der Selbsthülfe die Vereinigung vieler, wirthschaftlich nur in geringem Masse selbstständiger Persönlichkeiten — das Gesetz verlangt eine Mindestzahl von sieben Mitgliedern [14]) — nothwendig, um die dazu erforderlichen Mittel, sei es eigenes Capital oder fremden Credit, zu erlangen. Im Vorstehenden ist der Unterschied der Betheiligung noch nicht völlig gewürdigt, vom rein juristischen Standpunkt wird derselbe bei Behandlung der Begründung und der Aufhebung des Gesellschaftsverhältnisses bez. der Mitgliedschaft [§§ 2 und 7] berücksichtigt werden.

Die bis hierher ausgeführten Unterschiede haben auf die rechtliche Stellung des Gesellschafters einer offenen Handelsgesellschaft und des Mitgliedes einer eingetragenen Genossenschaft keinen unmittelbaren Einfluss, bilden aber mittelbar die nothwendige Grundlage ihrer Beurtheilung, sie sind die Ausgangspunkte für die gesetzliche Regelung gewesen, sie durften auch hier nicht fehlen um die Unterschiede in der rechtlichen Stellung des Einzelnen bei Begründung und Aufhebung des Gesellschaftsverhältnisses bez. der Mitgliedschaft und während Bestehens derselben in Bezug auf Geschäftsbetrieb, Geschäftsvermögen, rechtliche Stellung gegenüber dritten und im Gesellschafts- bez. Genossenschaftsconcurse zu erklären.

---

[13]) G. G. § 8.
[14]) G. G. § 4.

§ 2.

1. Begründung der Mitgliedschaft.

Das Gesellschaftsverhältniss bezw. die Mitgliedschaft können begründet werden einmal bei Abschluss des Gesellschaftsvertrages resp. bei Errichtung des Statuts, dann aber auch nach Abschluss des Gesellschaftsvertrages resp. nach vollzogener Eintragung in das Genossenschaftsregister.

I. Die offene Handelsgesellschaft wird errichtet durch Abschluss des Gesellschaftsvertrages [1]) zwischen zwei oder mehreren Personen, nicht eines einfachen obligationenrechtlichen Societäts-, sondern eines personenrechtlichen Vertrages [2]), ferner nicht durch den blossen irgendwie [3]), sondern den vertragsmässig zu Tage tretenden Consens über den gemeinschaftlichen Betrieb eines Handelsgewerbes. Anwendung schriftlicher oder anderer Formen beim Abschlusse sind zu seiner Gültigkeit nicht erforderlich [4]), ebenso wenig die Eintragung der Errichtung in das Handelsregister. Die Unterlassung der Anmeldung [5]), welch' letztere jedem Gesellschafter als solchem obliegt und seitens des Registerrichters durch Ordnungsstrafen erzwingbar ist, hat nach Innen gar keinen civilrechtlichen Nachtheil zur Folge. Was das Verhältniss nach aussen anbetrifft, so gilt die Gesellschaft spätestens mit dem Beginn der Geschäfte als existent und wirksam, aber

---

[1]) Lastig, S. 317; Gareis, S. 157.
[2]) Gierke, G. Th. S. 470 f; vergl. §§ 3 u. 5.
[3]) Laband, S. 522 fg.
[4]) H. G. B. Art. 85.
[5]) H. G. B. Art. 86—88.

auch schon vorher mit dem Moment der Eintragung [6]). Vorher besteht also die Gesellschaft nach Innen, aber nicht nach Aussen. Die hiernach mögliche Discrepanz scheidet die Gesellschaft »nicht in zwei, auf verschiedener Grundlage beruhende Rechtsverhältnisse, sondern zeigt nur die beiden relativ verselbstständigten Seiten eines Gesellschaftsverhältnisses« [7]).

Ganz anderen Grundsätzen folgt die Erwerbs- und Wirthschaftsgenossenschaft. Sie gilt erst als errichtet, und zwar sowohl Dritten wie ihren eigenen Mitgliedern gegenüber, wenn sie in das Genossenschaftsregister eingetragen ist [8]), »vorher hat sie die Rechte einer eingetragenen Genossenschaft nicht«, die Anmeldepflicht liegt nicht den einzelnen Mitgliedern als solchen ob, sondern nur in soweit sie dem Vorstande angehören [9]). Das Statut — den Namen Gesellschaftsvertrag hat das neue Gesetz unterdrückt als eine dem Wesen eines »körperschaftlichen einseitigen Gesammtactes« [10]) nicht entsprechende Bezeichnung —, dessen Form und wesentlichen Inhalt das Gesetz durch Zwangsnormen geregelt hat, bildet nur den wenn auch nothwendigen Titel zur Eintragung. Vor der letzteren, also vor Errichtung der Genossenschaft, wird die Mitgliedschaft erworben durch Unterzeichnung des Statuts [11]), welches schriftlich abgefasst sein muss. Die Aufnahme der Gründer in die Mitgliederliste, welche mit dem Statut einzureichen und vom

---

[6]) H. G. B. Art. 110 und v. Hahn zu diesem Artikel.
[7]) Gierke, G. Th. S. 471.
[8]) G. G. § 13.
[9]) G. G. § 11.
[10]) Gierke, G. Th. S. 133.
[11]) Entwurf S. 99.

Gericht weiter zu führen ist, bedeutet hier nur eine gesetzliche Declaration des vollzogenen Erwerbes. So hat denn gleich bei der Constituirung beider Vereine der verschiedene wirthschaftliche Zweck zu einer völlig verschiedenen rechtlichen Gestaltung geführt; allerdings ist auch die offene Handelsgesellschaft nicht völlig bei dem Societätsvertrag stehen geblieben, aber zur Wirksamkeit auch dritten Personen gegenüber genügt jede klare Kundmachung der Constituirungsabsicht, selbst durch blossen Beginn der Geschäfte. Die Errichtung der Genossenschaft dagegen trägt einen rein corporativen Charakter, ein Formalact allein — die Eintragung — ist es, der sie in's Leben rufen kann. Dort wird man Mitglied der Gesellschaft durch blossen Vertrag, selbst, bevor der Verein nach aussen rechtlich wirksam wird, hier muss der Verein erst nach jeder Seite hin wirksam geworden sein, damit man Mitglied desselben werden kann.

II. Noch charakteristischer zeigt sich dieser Gegensatz bei der späteren Aufnahme neuer Mitglieder. Nach Errichtung der offenen Handelsgesellschaft kann ein neuer Gesellschafter ohne Einwilligung sämmtlicher Mitglieder nicht in die Gesellschaft aufgenommen werden [12]), die einseitige Betheiligung eines Dritten am Geschäftsantheil eines Gesellschafters giebt Jenem gar keine Rechte gegen die Gesellschaft, vielmehr nur ein Forderungsrecht gegen den Paciscenten. Aber selbst wenn Einstimmigkeit aller Gesellschafter für die Aufnahme eines Dritten vorhanden ist, so kann der Eintritt eines neuen Gesellschafters,

---

[12]) H. G. B. Art. 98.

da die zum Betrieb eines gemeinschaftlichen Handelsgewerbes vereinigten Personen (§ 1) durch das Band des personenrechtlichen Vertrages umschlossen werden, auf den rechtlichen Bestand der Gesellschaft nicht ohne Einfluss sein. Es bedarf selbst im Falle der Beibehaltung der Firma einer neuen, die Abänderung des ursprünglichen Gesellschaftsvertrages enthaltenden Uebereinkunft [13]), wodurch die Gesellschaft eine relativ neue wird. Ueber Anmeldung und Eintragung gelten daher hier ebenfalls die oben erwähnten Grundsätze.

Nach Aussen dagegen sind die Wirkungen des Eintritts eines neuen Gesellschafters nicht von einer gleich einschneidenden Wirkung, das Nähere wird unten zu erörtern sein; hier mag genügen, dass die Gesellschaft unter Beibehaltung der Firma äusserlich dieselbe bleibt.

Im Gegensatz zu dem Recht der offenen Handelsgesellschaft kann die Mitgliedschaft bei einer Genossenschaft nach geschehener Eintragung ganz unabhängig von dem Willen der einzelnen Genossen unter einer zweifachen Voraussetzung entstehen. Die erste entspricht dem Charakter der freien Vereine und öffentlichen Corporationen (originärer Erwerb der Mitgliedschaft durch Aufnahme) [14]), die zweite dem Charakter der Capitalvereine (derivativer Erwerb der Mitgliedschaft durch Abtretung des Geschäftsantheils [15])).

In dem ersten Fall ist Voraussetzung des Erwerbs der Mitgliedschaft ein sich aus Beitrittserklärung des neuen Genossen und Genehmigung der Genossen-

---

[13]) Gierke, G. Th. S. 478.
[14]) G. G. § 15, § 113 und § 121.
[15]) G. G. § 132.

schaftsorgane zusammensetzender Vertrag [16]) des Einzelnen mit der Genossenschaft als Gesammtheit, im zweiten Falle ein privater Cessionsvertrag, der aber erst gleichsam interposita auctoritate seitens der Genossenschaft wirksamer Titel zum Erwerbe der Mitgliedschaft wird [17]). (Das Gesetz von 1868 [18]) kannte nur den ersteren Weg.) Aber beides sind nur Voraussetzungen des Erwerbes der Mitgliedschaft, der Erwerb selbst erfolgt erst durch Eintragung in die Mitgliederliste [19]), welche also jetzt wesentlich ist, während sie nach dem Gesetz von 1868 nur der Ordnung wegen geschah. Trugen jene Voraussetzungen einen wesentlich corporativen Charakter an sich, indem sie die bis zu einem gewissen Grade fungible Natur der Mitgliedschaft einer Genossenschaft zum Ausdruck bringen, so wird die Mitgliederliste wieder dem persönlichen Charakter dieser Mitgliedschaft gerecht, sie ermöglicht erst die Ausführbarkeit der persönlichen Inanspruchnahme oder Haftung aller Mitglieder [20]).

§ 3.

2. Geschäftsführung.

Bei der offenen Handelsgesellschaft vereinigen sich zwei oder mehrere Personen zum gemeinschaftlichen Betriebe eines Handelsgewerbes. Dieses ist der nothwendige, wesentliche, möglicherweise einzige Inhalt des Gesellschaftsvertrages, ohne den eben eine

---

[16]) Entwurf S. 100; Parisius & Crüger S. 88.
[17]) Entwurf S. 62.
[18]) G. G'. § 2 a. E.
[19]) G. G. § 15.
[20]) Vergl. Entwurf S. 65.

offene Handelsgesellschaft nicht existiren kann [1]). In Ermangelung vertragsmässiger Regelung folgt hieraus das Recht und die Pflicht jedes einzelnen Gesellschafters, alle in das betreffende Handelsgewerbe einschlagenden Geschäfte selbstständig vorzunehmen [2]). In untrennbarem Zusammenhange hiermit steht das Recht auf technisch-kaufmännische oder industrielle Thätigkeit der übrigen Gesellschafter in dem betreffenden Geschäftsbetriebe [3]), die Pflicht zur sogen. Arbeitseinlage [4]), worin ein Hauptunterschied der offenen Handelsgesellschaft von der Societät des gemeinen Rechts, welche ein rein obligationenrechtliches Verhältniss bedeutet, zu erblicken ist. Aus dem Begriff dieser personenrechtlichen Verbundenheit aber ergiebt sich ferner, dass jede Handlung, gegen welche ein anderer Gesellschafter Widerspruch erhebt, unterbleiben muss. »Der Gesellschaftswille [5]) ist kein selbstständiger Gemeinwille, er erschöpft sich aber ebenso wenig in der jedesmal herzustellenden Uebereinstimmung gesonderter Einzelwillen. Vielmehr haben die Gesellschafter vertragsmässig für die ganze Dauer ihrer Verbundenheit ihr reines Fürsichsein aufgegeben und sich in ein Miteinandersein gefügt, vermöge dessen sie in der Sphäre des von ihrem sonstigen Leben rechtlich abgesonderten gesellschaftlichen Lebens ihre Willensmacht zugleich beschränkt und erweitert und so durch gegenseitige Hingabe des eigenen Willens und Aufnahme des fremden Willens verschmolzen

---

[1]) H. G. B. Art. 85.
[2]) H. G. B. Art. 102.
[3]) Gareis, S. 170.
[4]) Endemann, S. 166 fg.
[5]) Gierke, G. Th. S. 565.

haben.« Folgerichtig bedarf es eines einhelligen Beschlusses sämmtlicher Gesellschafter zur Vornahme von Geschäften, welche über den gewöhnlichen Betrieb des Handelsgewerbes der Gesellschaft hinausgehen, oder welche dem Zweck derselben fremd sind [6]. Dies gilt auch von der Bestellung einer Procura, ausser wenn Gefahr im Verzuge ist, wogegen zum Widerruf derselben jeder Einzelne befugt ist [7]).

Der Gesellschaftsvertrag, »Quelle und Ursprung aller Rechte der Gesellschafter« [8]), kann die Geschäftsführung Einem oder Mehreren von ihnen übertragen [9]). Dann ist unter Ausschliessung der Uebrigen im Zweifel jeder Einzelne von diesen befugt, alle in das betreffende Handelsgewerbe einschlagenden Geschäfte vorzunehmen. Sind sie zu collectiver Geschäftsführung berufen, so können sie, ausser wenn Gefahr im Verzuge, nur gemeinschaftlich handeln, aber ohne dass ein Widerspruchsrecht der Uebrigen besteht. Hinsichtlich der Geschäfte, welche ausserhalb des gewöhnlichen Betriebes und des Zweckes der Gesellschaft liegen, sind sie in beiden Fällen den oben erwähnten Schranken unterworfen, nur nicht bezüglich der Procura, zu deren Bestellung, ausser wenn Gefahr im Verzuge, Einwilligung aller geschäftsführenden Gesellschafter genügt, wogegen der Widerruf durch jeden Einzelnen derselben geschehen kann. Die Uebertragung der Geschäftsführung kann während des Bestehens der Gesellschaft nur aus rechtmässigen Ursachen widerrufen werden, über deren Vorhanden-

---

[6]) H. G. B. Art. 103.
[7]) H. G. B. Art. 104.
[8]) Gierke II S. 936.
[9]) H. G. B. Art. 99—101.

sein das richterliche Ermessen entscheidet. Zu solchen rechtmässigen Ursachen sind vornehmlich die Gründe zu rechnen, aus welchen der Einzelne selbst bei auf Zeit errichteter Gesellschaft die Auflösung derselben verlangen kann [10]).

Endlich aber gewährt das Gesetz dem einzelnen Gesellschafter, auch wenn er nicht an der Geschäftsführung betheiligt ist — hier wird die Bestimmung gerade von besonders praktischer Bedeutung —, die Möglichkeit, von dem jeweiligen Stande des Unternehmens Kenntniss zu nehmen, sie gewährt ihm das Recht, zu jeder Zeit in das Geschäftslocal zu kommen, die Handelsbücher und Papiere der Gesellschaft einzusehen und auf ihrer Grundlage eine Bilanz zu seiner Uebersicht anzufertigen [11]). Dieses weitreichende Aufsichtsrecht, welches vertragsmässig ausgeschlossen werden kann, aber wieder auflebt, wenn eine Unredlichkeit in der Geschäftsführung nachgewiesen wird, ist ein charakteristisches Merkmal der offenen Handelsgesellschaft und findet sich in diesem Umfange bei keiner anderen Gesellschaftsform, es entspringt aus dem Recht der Geschäftsführung. Dasselbe gilt von dem Recht der Vertretung nach Aussen, die, an sich mit der Geschäftsführung auf's Engste verbunden, im Interesse der Verkehrssicherheit juristisch von jener abgelöst und deren Ausschluss an selbstständige Voraussetzungen gebunden ist (§ 5).

Mag sonach die innere Einrichtung einer offenen Handelsgesellschaft kraft besonderer Vertragsfestsetzung im einzelnen Falle corporativer Organisation

---

[10]) H. G. B. Art. 125.
[11]) H. G. B. Art. 105.

ähnlich werden, immer besteht unter den geschäftsführenden und den übrigen Gesellschaftern ein rein vertragsmässiges Verhältniss, welches im Einzelnen ganz verschieden geregelt sein kann, während der Vorstand einer Corporation einmal durch körperschaftlichen Act bestellt, gesetzlich vorgeschriebene Rechte und Pflichten hat.

Stark tritt das individuelle persönliche Moment auch in den gesetzlichen Vorschriften über die Verantwortlichkeit des Gesellschafters gegenüber seinen Mitgesellschaftern hervor. In allen Geschäftsangelegenheiten hat er diejenige Sorgfalt anzuwenden, welche er in eigenen zu beweisen pflegt, d. h. sein Versehen wird nicht gemessen mit dem absoluten Maass der Sorgfalt eines ordentlichen Kaufmanns, sondern es variirt je nach der Individualität des Einzelnen, je nachdem dieser gewissenhafter oder nachlässiger in eigener Sache zu Werke geht [12]. Er ist hiernach für allen Schaden verantwortlich, welchen die Gesellschaft durch sein Verschulden erleidet und zwar, ohne denselben durch Vortheile compensiren zu dürfen, die er der Gesellschaft bei anderer Gelegenheit durch seinen Fleiss erworben hat. Eine Folge der innigen personenrechtlichen Verbundenheit der Einzelnen ist es ferner, wenn dem Gesellschafter, mag er an der Geschäftsführung betheiligt sein oder nicht, im Interesse des gemeinschaftlichen Unternehmens untersagt ist, ohne Einwilligung aller übrigen in dem Handelszweige der Gesellschaft für eigene oder für Rechnung eines Dritten Geschäfte zu machen

---

[12] H. G. B. Art. 94—97.

oder sich an einer Concurrenzgesellschaft als offener Handelsgesellschafter zu betheiligen.

Im Gegensatz zu dieser lebhaften activen Betheiligung des Gesellschafters einer offenen Handelsgesellschaft am Geschäftsbetriebe steht die in der Hauptsache passive des Mitgliedes einer eingetragenen Genossenschaft. Gesetzlich liegt die Geschäftsführung und Vertretung, im Zweifel als collective, allein in den Händen des aus zwei oder mehr Mitgliedern bestehenden Vorstandes [13]), und lediglich dies giebt dem Vorstande einer Genossenschaft im Gegensatz zu den meisten Corporationen, auch zu der Actiengesellschaft, ein individualistisches Gepräge, dass die Mitglieder desselben aus der Zahl der Genossen gewählt werden müssen. Die Thätigkeit des Vorstandes ist nur durch das Statut oder die Beschlüsse der Generalversammlung beschränkt, aber der ständigen Controle eines jetzt obligatorischen, aus mindestens drei Genossen bestehenden Aufsichtsraths [14]) und der wenigstens alle zwei Jahre eintretenden Prüfung durch einen sachkundigen der Genossenschaft nicht angehörigen Revisor [15]) unterworfen. Letzterer ist von dem der Genossenschaft übergeordneten Revisionsverbande, in Ermangelung eines solchen vom Registerrichter zu bestellen. Die Rechte und Pflichten dieser Organe des Näheren auszuführen, würde ausserhalb des Bereichs der hier behandelten Frage liegen.

Die Rechte, welche den Genossen in den Angelegenheiten der Genossenschaft, insbesondere in Bezug auf die Führung der Geschäfte, die Prüfung

---
[13]) G. G. §§ 24—33.
[14]) G. G. §§ 34—40.
[15]) G. G. §§ 51—62.

der Bilanz, die Vertheilung von Gewinn und Verlust zustehen, werden in der Generalversammlung durch Beschlussfassung der erschienenen Genossen ausgeübt [16]). Ihre Berufung erfolgt durch den Vorstand resp. Aufsichtsrath unter Bekanntmachung des Zwecks gemäss dem Statut, mit der Frist von mindestens einer Woche:

1. in den durch Gesetz oder Statut bestimmten Fällen,
2. wenn es im Interesse der Genossenschaft erforderlich erscheint,
3. wenn der zehnte Theil der Genossen unter Anführung des Zwecks und der Gründe in einer von ihnen unterzeichneten Erklärung die Berufung beantragt.

Ueber Gegenstände, welche nicht drei Tage vor der Versammlung gemäss dem Statut bekannt gemacht sind, darf kein Beschluss gefasst werden. Die Genossen sind in gleicher Weise, wie hinsichtlich der Berufung befugt, die Ankündigung von Gegenständen zu verlangen. Willfahrt ihnen der Vorstand nicht, so kann das Gericht die Genossen zur Berufung resp. Ankündigung ermächtigen. Die Generalversammlung beschliesst mit einfacher Majorität; zur Abänderung des Gegenstandes des Unternehmens, zur Erhöhung der Geschäftantheile und sonstigen Aenderungen des Statuts bedarf es einer qualificirten Mehrheit von dreiviertel der erschienenen Mitglieder [17]): lauter Rechtssätze, die im Wesentlichen dem Actienrechte conform sind. Charakteristisch ist jedoch,

---

[16]) G. G. §§ 41—50.
[17]) G. G. § 16.

dass in der Generalversammlung jeder Genosse nur eine Stimme hat, ein Grundsatz, welcher die Genossenschaft rechtlich von den reinen Capitalvereinen unterscheidet. Soll ein Genosse entlastet, von einer Verpflichtung befreit werden oder will die Genossenschaft ein Rechtsgeschäft mit ihm abschliessen, so ruht sein Stimmrecht. Dasselbe kann ausser von handlungsfähigen Personen, Handelsgesellschaften, Corporationen, Genossenschaften und Frauen, wenn sie von der Betheiligung an der Generalversammlung ausgeschlossen sind, durch Bevollmächtigte nicht ausgeübt werden.

Ausser den schon erwähnten Sonderrechten der Minderheit sind noch folgende Individualrechte zu erwähnen: Jeder Genosse hat das Recht [18]), wenn über die Genehmigung der Bilanz und die Vertheilung von Gewinn und Verlust Beschluss gefasst werden soll, diese sowie die Jahresrechnung, welche mindestens eine Woche vor der Versammlung durch Auslegung im Geschäftslocal oder auf sonstige Art und Weise den Genossen zur Kenntniss zu bringen sind, einzusehen und auf seine Kosten eine Abschrift derselben zu verlangen. Ebenso kann er fordern [19]), dass ihm die Einsicht in das Protocollbuch, in welches die Beschlüsse der Generalversammlung einzutragen sind, gestattet werde. Endlich aber kann der Beschluss der Generalversammlung ausser vom Vorstande von jedem erschienenen Genossen, sofern er seinen Widerspruch zu Protocoll erklärt hat, wegen Verletzung des Gesetzes oder des Statuts im

---

[18]) G. G. § 46.
[19]) G. G. § 45.

Wege der Klage angefochten werden [20]), von jedem nicht erschienenen Genossen nur aus dem Grunde, dass die Berufung der Generalversammlung oder die Ankündigung des Gegenstandes der Beschlussfassung nicht gehörig erfolgt war. Im Falle der Unbegründetheit der Anfechtung haften die Kläger, wenn ihnen dabei eine bösliche Handlungsweise zur Last fiel, solidarisch der Genossenschaft für allen Schaden. Auch diese Rechtssätze sind dem Rechte der Actiengesellschaften entnommen.

In dem bisher Besprochenen charakterisirt sich die rechtliche Stellung des Einzelnen als die nur eines Theiles der Gesammtheit, wogegen der Gesellschafter der offenen Handelsgesellschaft, gleichsam als der integrirende Bestandtheil einer »Collectiveinheit« erscheint [21]). In der Organisation der Genossenschaft, welche, wie bereits mehrfach erwähnt, unverkennbar der der Actiengesellschaft nachgebildet, nur zweckentsprechend hinsichtlich der Controle der Geschäftsführung verschärft ist, ist die Einzelpersönlichkeit »verhältnissmässig gleichgültig« [22]).

Während daher die einzelnen Genossen nur in ihrer Gesammtheit, der Generalversammlung, einen wirksamen Einfluss auf den Gang der Geschäftsführung gewinnen, steht ihnen ein anderes unentziehbares, wesentliches Recht zu [§ 1], das Recht nämlich, mit den geschäftsführenden Vertretern der Genossenschaft diejenigen Geschäfte abzuschliessen, welche den Zweck des gemeinsamen Unternehmens

---

[20]) G. G. §. 49.
[21]) Siehe unten § 5.
[22]) Gareis, S. 206.

bilden, welche die Förderung ihres Erwerbes oder ihrer Wirthschaft bedeuten. Dasselbe ist, weil selbstverständlich, im Gesetz nicht ausdrücklich aufgeführt, es kennzeichnet den wiederum individualistischen Charakter der Genossenschaft, und ohne sie deshalb in einen begrifflichen, rechtlichen Gegensatz zu allen übrigen juristischen Personen zu bringen, bildet es ein höchst charakteristisches Moment gerade dieser Gesellschaftsform, ein Moment, welches den unmittelbarsten und reinsten Ausdruck des wirthschaftlichen Zweckes derselben bildet: dem Rechte der offenen Handelsgesellschaft ist es ebenso fremd, wie dem der Actiengesellschaft oder Gewerkschaft, denn hier kann zwar das Mitglied auch in rechtlicher Beziehung zu dem Vereine treten, aber dies ist etwas rein zufälliges, dem Geschäftsbetriebe des Vereins an sich fremdes, während es bei der Genossenschaft recht eigentlich den Hauptinhalt ihres Geschäftsbetriebes bildet.

§ 4.

3. Vereinsvermögen und Mitgliedschaftsantheil.

In dieser Beziehung stehen sich reine Societät und Corporation diametral gegenüber; bei jener ist im rechtlichen Sinne überhaupt kein Vereinsvermögen vorhanden; was factisch ausgeschieden ist und den Inhalt der »Gesellschaftskasse« bildet, ist juristisch im Vermögen der einzelnen Mitglieder geblieben; bei der Corporation dagegen ist alles Vereinsvermögen ausschliesslich dem Verein selbst zuständig, »Antheile« daran stehen keinem Mitgliede zu, nur

Forderungsrechte, die nicht Societätsrechte sind, kann das Mitglied gegen die Corporation haben.

Die offene Handelsgesellschaft ebenso wie die eingetragene Genossenschaft stehen in der Mitte zwischen beiden Extremen. Und zwar steht die erstere der reinen Societät am nächsten, indem die Selbstständigkeit des Vereinsvermögens bei ihr nur in wenigen Beziehungen rechtlich hervortritt, während das Recht der Genossenschaft auch hier wieder in klarer und bewusster Weise sich der Corporation nähert, ein in vielen Beziehungen selbstständiges Vereinsvermögen anerkennt, aber dabei trotzdem wirkliche Antheile an diesem Vermögen den Vereinsmitgliedern zuspricht: die von den Vermögensantheilen der Genossen geltenden Grundsätze gehören zu den originellsten des gesammten modernen Gesellschaftsrechts.

I. Was das Handelsgesetzbuch über den Vermögensantheil des Gesellschafters einer offenen Handelsgesellschaft bestimmt, ist zum Theil dispositives Recht, indem Grundsätze über Inhalt und Umfang der Betheiligung aufgestellt werden [1], welche nur mangels entgegenstehender Vertragsberedungen eintreten, zum Theil sind es »Reflexwirkungen« [2] des unter ihnen vertragsmässig begründeten Verhältnisses, nämlich soweit eine Gebundenheit des Geschäftsantheils auch gegenüber den Privatgläubigern des einzelnen Gesellschafters anerkannt wird.

Die Summe der einzelnen Vermögensantheile bildet das von dem Sondervermögen des Einzelnen

---

[1] Gareis, S. 160.
[2] Laband, S. 2.

getrennte Geschäftsvermögen, dessen rechtliche Natur festgestellt werden muss, um die Bestimmungen des H. G. B. über den Vermögensantheil des Einzelnen zu erklären. Die Trennung ist keine bloss thatsächliche wie bei dem Geschäftsvermögen des Einzelkaufmanns, welcher aus Zweckmässigkeitsrücksichten, der bequemeren Verwaltung seines ganzen Vermögens halber, diese Scheidung vornimmt. Das Gesellschaftsvermögen begründet nicht nur eine blosse Dispositionsgemeinschaft [3]) der Gesellschafter, bei welcher die verbrauchbaren und vertretbaren Sachen in Folge der Vermischung im Miteigenthum zu ideelen Antheilen stehen, unverbrauchbare und unvertretbare Sachen im Eigenthum des Inferenten bleiben, denn bei Auflösung des Gesellschaftsverhältnisses erhält er die letzteren, soweit sie nicht in Folge der angenommenen Dispositionsgemeinschaft veräussert worden sind, nicht in seine Privatverfügung zurück, sondern muss sich an einer Abfindung in Geld genügen lassen. Die rechtliche Trennung wiederum ist keine so absolute, dass Träger des Gesellschaftsvermögens in seiner Gesammtheit von Sachen, Forderungen und Verbindlichkeiten eine von den einzelnen Gesellschaftern verschiedene juristische Person wäre [4]). Es würde dann ein blosses Forderungsrecht des ausscheidenden Gesellschafters gegen das im Uebrigen völlig intact bleibende Vermögen des Vereins vorhanden sein, wogegen nach geltendem Recht im Falle rechtzeitiger Kündigung des Gesellschafters, wenn der Gesellschaftsvertrag oder eine spätere

---

[3]) Lastig, S. 355.
[4]) So Endemann, v. Sicheror, Eccius u. A., siehe § 5.

Uebereinkunft die Fortsetzung der Gesellschaft nicht ausdrücklich gestatten, in dem Ausscheiden eines Geschäftsantheils die Auflösung des ganzen Vermögens unmittelbar enthalten ist. Und selbst bei Fortsetzung der Gesellschaft muss das verbleibende Vermögen als das einer relativ neuen Gesellschaft angesehen werden. Vielmehr ist das Gesellschaftsvermögen eine objective Einheit [5]), eine universitas iuris des deutschen Rechts, deren Träger die Gesellschafter in ihrer personenrechtlichen Verbundenheit als Collectiveinheit sind [6]); diese bilden mit anderen Worten eine Rechtsgemeinschaft zur gesammten Hand. »Die objective Einheit des Handelsgesellschaftsvermögens ist Niederschlag und Abbild der subjectiven Einheit der Handelsgesellschaft« [7]). Der Antheil des Gesellschafters ist demnach ein Werthantheil und während dauernder gesammter Hand streng gebunden, in Folge der sich aus der Geschäftsführung ergebenden Gewinn- und Verlustantheile stetig in seiner Höhe variirend [8]). Er besteht nicht aus den Eigenthumsquoten an den einzelnen beweglichen und unbeweglichen Sachen, in der Mitberechtigung bez. Mitverpflichtung bei Obligationen nach dem Grundsatz nomina ipso iure sunt divisa, sondern er stellt regelmässig eine certa pecunia dar, die aber in Folge der jederzeit möglichen Inventarisirung und Bilanzirung des Gesellschaftsvermögens sich als das Verhältniss zwischen dem Saldo des

---

[5]) Gierke, II, S. 64 ff.
[6]) Gierke, II, S. 956 ff.
[7]) Gierke, G. Th. S. 456.
[8]) Gierke, G. Th. S. 496.

Participationscontos zu dem Saldo des Capitalcontos, als eine Werthquote des Gesellschaftsvermögens darstellt [9].

Neben dieser Selbständigkeit desselben nach innen tritt auch eine Gebundenheit des Geschäftsantheils nach aussen in den Bestimmungen des H. G. B. bis zu einem gewissen Grade deutlich zu Tage. Die darin aufgeführten Rechte und Verbindlichkeiten der Einzelnen gegenüber der Gesellschaft, welche im Zusammenhange mit der vertragsmässigen Beitragspflicht zu besprechen sind, bilden Bestandtheile des Gesellschaftsvermögens. Dem Privatgläubiger eines Gesellschafters können auf dasselbe keine weiterreichenden Rechte zustehen als diesem selbst. Daraus folgt [10]:

1. dass der dritte auf eine durch die Gesellschaft bezw. ihren Vertreter gegen ihn geltend gemachte Gesellschaftsforderung nicht eine ihm gegen einen einzelnen Gesellschafter zustehenden Privatforderung zur Aufrechnung bringen kann;

2. dass ferner die auf eine Gesellschaftsschuld belangte Gesellschaft nicht mit einer dem einzelnen Gesellschafter gegen den dritten zustehenden Privatforderung compensiren darf, es sei denn, dass dieser sie der Gesellschaft ausdrücklich cedirt hat;

3. dass der auf einer Privatschuld verklagte Gesellschafter wohl mit einer ihm gegen den dritten zustehenden Privatforderung, nicht aber mit einer gegen denselben dritten begründeten Gesellschaftsforderung compensiren kann.

---

[9] Laband, S. 44—54.
[10] H. G. B. Art. 121; Laband, S. 15; Gareis, S. 181.

Die Compensationswahl, welche dem auf eine Gesellschaftsschuld belangten Gesellschafter, sowie dem dritten gegenüber einer Privatforderung eines solchen zusteht, wird als auf dem Princip der Solidarhaft beruhend an anderer Stelle zu erwähnen sein. Ferner ergiebt sich aus der Selbstständigkeit des Geschäftsvermögens für die Privatgläubiger die Unzulässigkeit der Zwangsvollstreckung in den Antheil des Einzelnen [11]). Doch wird ihnen die Möglichkeit, ihre Befriedigung aus demselben zu erlangen gewährt durch das zu den Auflösungsgründen gehörende ihnen zustehende Kündigungsrecht [12]). Endlich ist der Antheil auch von den Pfandrechten und Hypotheken befreit, welche für die Privatgläubiger des Gesellschafters am Vermögen desselben durch das Gesetz oder andere Rechtstitel begründet sind. Dingliche Rechte, welche ihnen an den eingebrachten Gegenständen vor deren Illation zustanden, werden hierdurch nicht berührt [13]).

Nicht unbeträchtliche Anfänge einer rechtlichen Selbstständigkeit des Vereinsvermögens zeigen sich also schon bei der offenen Handelsgesellschaft, doch ist zu beachten, dass mit Willen sämmtlicher Mitglieder jederzeit und selbst gegen den Willen der Gesellschaftsgläubiger (lediglich der Art. 122 macht hier für den Fall des Gesellschaftsconcurses eine Ausnahme) das ganze Vereinsvermögen unter die Gesellschafter aufgetheilt werden kann.

Bei der eingetragenen Genossenschaft ist nicht wie bei der offenen Handelsgesellschaft der Ver-

---

[11]) H. G. B. Art. 119.
[12]) H. G. B. Art. 126.
[13]) H. G. B. Art. 120.

mögensantheil in Ermangelung vertragsmässig geregelter Beiträge ein durch die Theilnahme an den Rechten und Verbindlichkeiten gegenüber dritten bezw. dem Gewinn und Verlust entstehendes »naturale negotii [14])«, hinter welchen als wesentliches Moment immer die principale solidarische Personalhaft steht, sondern er bildet einen essentiellen Bestandtheil des Begriffs der eingetragenen Erwerbs- und Wirthschaftsgenossenschaft, er ist eine eigene, ja die principale Creditbasis derselben neben der subsidiären, solidarischen, sei es directen unbeschränkten oder beschränkten, sei es indirecten unbeschränkten Personalhaft der Mitglieder. Mit der bereits durch das Gesetz von 1868 erfolgten Statuirung des obligatorischen Geschäftsantheils [15]) — dies ist die technische Bezeichnung des neuen Gesetzes für den statutenmässig festgesetzten Höchstbetrag des jeweiligen Geschäftsguthabens des Einzelnen — hat die Erwerbs- und Wirthschaftsgenossenschaft den auch ihr ursprünglich eigenthümlichen Charakter der reinen Personalgesellschaft abgestreift und ist in einen entschiedenen Gegensatz zur offenen Handelsgesellschaft getreten, sie erscheint als eine »Realassociation, mit welcher eine Personalassociation in der Weise organisch verbunden ist, dass letztere haften muss, wenn das Vermögen der ersteren ohne ihre Schulden gedeckt zu haben, erschöpft ist [16])«. »Das Genossenschaftsvermögen ist« aber »weder freies noch gebundenes Vermögen der einzelnen Genossenschafter, wie bei der

---

[14]) Laband, S. 28.
[15]) G. G'. § 3 No. 5; G. G. § 7.
[16]) Gareis, S. 208.

offenen Handelsgesellschaft, sondern gehört einzig und allein der idealen Gesammtheit [17]).« Es stellt auch nicht, wie bei jener, allein die Summe der einzelnen Geschäftsantheile dar, sondern besteht ausserdem aus einem, allerdings erst seit dem Gesetz vom 1. Mai 1889 obligatorischen Reservefonds [18]) — Art und Weise der Bildung desselben bilden, einen essentiellen Punkt des Statuts —, aus Anleihen und diesen gleichstehenden Spareinlagen [19]) der Genossen, deren Gesammtbetrag durch Beschluss der Generalversammlung festgestellt wird. Dem Genossen steht somit in Bezug auf das Geschäftsvermögen nur ein Forderungsrecht [20]) auf sein Geschäftsguthaben, welches lediglich eine certa pecunia und keine Quote darstellt, gegenüber der Genossenschaft als Gesammtheit zu. Dasselbe unterliegt auch während des Bestehens der Mitgliedschaft seiner Verfügung gegenüber dritten [21]). Die Uebertragung desselben giebt dem dritten Rechte gegen die Genossenschaft nur, falls er, wie oben erwähnt, die Mitgliedschaft erwirbt, dadurch wird der wenn auch modificirt- immer noch persönliche Charakter der Mitgliedschaft gewahrt. Im übrigen entsteht nur ein Forderungsrecht gegen den Genossen, welches in seiner Ausübung durch die Aufhebung der Mitgliedschaft des letzteren bedingt ist. Die dem H. G. B. wörtlich entnommenen Bestimmungen [22]) über die Unzulässigkeit der Com-

---

[17] Goldschmidt, Z. S. 11.
[18] G. G. § 7 No. 4.
[19] G. G. § 47.
[20] G. G. § 71.
[21] Parisius & Crüger, S. 247.
[22] G. G'. § 13—15.

pensation zwischen Genossenschaftsforderungen und Privatforderungen des dritten gegen den einzelnen Genossen, den Ausschluss der Zwangsvollstreckung in den Antheil sowie die Befreiung desselben von Pfandrechten der Privatgläubiger am Vermögen des Genossen sind durch das Gesetz vom 1. Mai 1889 als nothwendige Folgen der vollen absoluten Selbstständigkeit des Genossenschaftsvermögens fortgelassen worden [23]).

Doch steht auch nach diesem Gesetz dem Privatgläubiger [24]) eines Genossen das Recht zu, nachdem er innerhalb der letzten sechs Monate eine Zwangsvollstreckung in das Vermögen des Genossen fruchtlos versucht und eine Pfändung und Ueberweisung des demselben bei seiner Auseinandersetzung zukommenden Geschäftsguthabens erwirkt hat, das Kündigungsrecht des Genossen an dessen Stelle zu seiner Befriedigung auszuüben.

II. Die Beitragspflicht des Gesellschafters, aus deren Bereich die Arbeitseinlage, als in dem Recht und der Pflicht zur Geschäftsführung begründet, naturgemäss ausscheidet, folgt lediglich den Grundsätzen der Societät [25]), d. h. sie unterliegt vertragsmässiger Regelung, nur in Ermangelung solcher gelten die dispositiven Bestimmungen des H. G. B. Zu erwähnen sind die Beweisvermuthungen des Art. 91 über das Eigenthum der Collectiveinheit an den inferirten Sachen: bei Geld und anderen verbrauchbaren und vertretbaren Sachen [26]) ist für den Ueber-

---

[23]) Entwurf S. 111.
[24]) G. G. § 64.
[25]) Laband, S. 28.
[26]) H. G. B. Art. 91.

gang desselben die Thatsache der Illation, bei unverbrauchbaren und unvertretbaren vorherige Schätzung nicht bloss zum Zweck der Gewinnvertheilung, bei Sachen schlechthin Aufnahme in ein Inventar maassgebend. Der Gesellschafter braucht die Einlage weder zu erhöhen [27]) oder die verminderte zu ergänzen, noch darf er sie selbst vermindern [28]), womit die Verpflichtung zur Zahlung von Verzugszinsen [29]) bei nicht rechtzeitiger Erfüllung seiner Verbindlichkeiten gegenüber der Gesellschaft zusammenhängt. Andererseits kann er von der Gesellschaft Abnahme der Verbindlichkeiten, Ersatz seiner Verluste und Auslagen fordern, falls er in ihrem Interesse thätig geworden ist.

Um eine Uebersicht über die Rechtsverhältnisse des Einzelnen gegenüber der Gesellschaft zu ermöglichen und eine geeignete Basis für die jeweilige Gewinn- oder Verlustvertheilung zu schaffen, ist, da die Capitalbildung bei der offenen Handelsgesellschaft in der Regel eine allmähliche sein wird, die Führung besonderer Conti [30]) für die Gesellschafter, wenn auch nicht gesetzlich erforderlich, so doch kaufmännisch unumgänglich nothwendig. In dem Haupt- oder Capitalconto werden zu Beginn des ersten Geschäftsjahres die Einlagen der Gesellschafter als Passiva, in den Participationscontis derselben als Activa gebucht. Der jährliche Reingewinn, welcher auf den Einzelnen fällt und, wie unten näher auszuführen sein wird, unter bestimmten Voraussetzungen seiner

---

[27]) H. G. B. Art. 92.
[28]) H. G. B. Art. 108.
[29]) H. G. B. Art. 95.
[30]) Laband, S. 40.

Verfügung unterliegt, wird entweder zur Erhöhung des Geschäftscapitals ganz oder theilweise je nach Abrede der Gesellschafter auf dem Hauptconto ab- und den Participationscontis gutgeschrieben oder aber, bis dass der Gesellschafter ihn abhebt, auf seinem Privatconto als einfaches Guthaben gebucht. Ebenso wird der Verlustantheil des Einzelnen auf dem Capitalconto gutgeschrieben und zu Lasten des Antheilcontos eingetragen.

Ganz anders als bei der offenen Handelsgesellschaft gestaltet sich die Beitragspflicht bei der eingetragenen Genossenschaft. Was dort factisch meist vorhanden, ist hier rechtlich nothwendig. Jedes Mitglied einer eingetragenen Genossenschaft muss einen Geschäftsantheil erwerben [31]. Bei den Genossenschaften mit unbeschränkter Haftpflicht und unbeschränkter Nachschusspflicht ist die Betheiligung auf nur einen Antheil gesetzlich beschränkt, um [32] die Gewinnsucht Einzelner, die Verfolgung capitalistischer Zwecke und die Eingehung von riskanten, der Genossenschaft und den Gläubigern gefahrdrohenden Geschäften zu verhindern. Dagegen kann bei den Genossenschaften mit beschränkter Haftpflicht durch Statut die Betheiligung auf mehrere Antheile für zulässig erklärt werden [33]. Dazu bedarf es ähnlich wie zum Erwerb der Mitgliedschaft der Eintragung in die Mitgliederliste [34] auf Grund einer schriftlichen unbedingten Erklärung des Genossen, welche der Vorstand im Falle der Zulassung mit der schriftlichen

---

[31] G. G. § 7 No. 2.
[32] Entwurf S. 192.
[33] G. G. § 128.
[34] G. G. § 131.

Versicherung, dass die übrigen Antheile vollständig seien, beim Registerrichter einzureichen hat. Dasselbe gilt für die Uebertragung des Guthabens [35]). Bei dieser Genossenschaftsform, welche vornehmlich für die Betheiligung auch der bemittelteren Volksklassen geschaffen ist, rechtfertigt [36]) sich die Zulässigkeit des Erwerbes mehrerer Antheile durch das Abhängigkeitsverhältniss, in dem die Zahl der Haftsummen zur Zahl der Geschäftsantheile steht [37]), so dass der erhöhten Theilnahme an Capital und Haftung auch nothwendig eine stärkere Leistungsfähigkeit entsprechen muss.

Die Höhe des Geschäftsantheils, die Einzahlungen, welche die Mitglieder auf denselben zu leisten haben, müssen, letztere bis zu einem Zehntheile des Geschäftsantheils nach Betrag und Zeit, im Statut bestimmt sein [38]). Eine Herabsetzung des Antheils resp. der Zahl der Antheile oder der Einzahlungen, eine Verlängerung der für letztere festgesetzten Fristen erfolgt nach den Grundsätzen über die Vertheilung des Vermögens bei Auflösung der Genossenschaft [39]). Das Geschäftsguthaben darf während bestehender Mitgliedschaft nicht ausgezahlt, im geschäftlichen Betrieb zum Zweck der Beleihung nicht zum Pfande genommen, eine geschuldete Einzahlung nicht erlassen werden. Während die Genossenschaft mit der offenen Handelsgesellschaft und dem Einzelkaufmann im Gegensatz zur Actiengesellschaft eine allmähliche

---

[35]) G. G. § 132.
[36]) Entwurf S. 214.
[37]) Vergleiche unten § 5.
[38]) G. G. § 7 No. 2.
[39]) G. G. § 22.

Capitalbildung gemeinsam hat[40]), stellt das Gesetz dort über Art und Weise derselben zur Erzielung möglichster Sicherheit Zwangsnormen auf und überlässt sie hier dem geschäftskundigen Kaufmann, mag er allein stehen oder mit Gleichen zu einer offenen Handelsgesellschaft vereinigt sein.

Ein Unterschied ist noch zu erwähnen: während der Gesellschafter der Gesellschaft nicht über den Betrag der Einlage haftet[41]), ist das Mitglied einer eingetragenen Genossenschaft dieser gegenüber verpflichtet, über den Geschäftsantheil hinaus zur Deckung des Ausfalls, den die Gläubiger im Concurse der Genossenschaft erleiden würden, beizutragen. Das nähere hierüber folgt unten im Anschluss an die Personalhaft.

III. Auch hinsichtlich der Vertheilung von Gewinn und Verlust gelten verschiedene Grundsätze.

Bei der offenen Handelsgesellschaft wird in der Regel einer höheren Capitaleinlage eine stärkere Betheiligung am Geschäftsbetriebe infolge besonderer technischer Kenntnisse und Fertigkeiten entsprechen, für welch' letztere dem Gesellschafter ein Anspruch auf eine vorzugsweise Vergütung nicht zusteht[42]). Dadurch rechtfertigen sich die dispositiven Bestimmungen des H. G. B.[43]). Zuerst wird die durch Gewinn oder Verlust des vorhergehenden Jahres vermehrte oder verringerte Capitaleinlage zu vier Procent verzinst, und erst was dann von dem Ueber-

---

[40]) Goldschmidt, Z. S. 48.
[41]) Siehe oben S. 36.
[42]) H. G. B. Art. 93, Abs. 3.
[43]) H. G. B. Art. 106—108.

schuss, welcher sich aus der jährlich vorzunehmenden Bilanz ergiebt, übrig bleibt, bildet den Reingewinn. Dieser wird unter die Gesellschafter nach Köpfen vertheilt. Gleiches gilt für den Verlust, welchen die ausfallenden Zinsen bilden oder vermehren. Die Zinsen und der Gewinnantheil unterliegen der freien Privatdisposition des Gesellschafters. Er kann sie auch ohne Einwilligung der übrigen entnehmen, den Antheil allerdings dann nicht, wenn es zum offenbaren Nachtheil der Gesellschaft gereichen würde. Zinsen, Gewinnantheile bilden somit Bestandtheile des Sondervermögens des Einzelnen, die Privatgläubiger [44]) desselben können daraus folgerichtig ihre Befriedigung suchen.

Der Gewinn, bei der offenen Handelsgesellschaft Hauptzweck, bildet bei der eingetragenen Genossenschaft nur einen untergeordneten Nebenzweck. Ein statutenmässig festgesetzter Betrag des Reingewinnes fliesst in den Reservefonds [45]), ja es kann sogar für einen bestimmten Zeitraum, welcher zehn Jahre nicht überschreiten, aber nach Ablauf um eine gleiche Zahl von Jahren verlängert werden darf, durch einfachen Majoritätsbeschluss der Generalversammlung die Vertheilung des Gewinnes ganz ausgeschlossen werden, so dass dieser lediglich dem Reservefonds zu Gute kommt [46]). Eine Verzinsung des Geschäftsguthabens findet nicht statt, selbst dann nicht, wenn der Genosse höhere als die geschuldeten Einzahlungen gemacht hat [47]). In Ermangelung anderer statutarischer

---

[44]) H. G. B. Art. 119.
[45]) G. G. § 2 No. 4.
[46]) G. G. § 20.
[47]) G. G. § 21.

Bestimmungen geschieht die Gewinn- und Verlustvertheilung des Geschäftsjahres nach Genehmigung durch die Generalversammlung nicht nach Köpfen, sondern im ersten Jahre nach Verhältniss der geleisteten Einzahlungen [48]), in den folgenden nach Verhältniss der durch Zuschreibung von Gewinn oder Abschreibung von Verlust ermittelten Geschäftsguthaben. Die Zuschreibung des Gewinnes erfolgt so lange, als der Geschäftsantheil nicht erreicht ist. Vor diesem Zeitpunkte ist er der Verfügung des Genossen, mithin auch seiner Privatgläubiger entzogen. Vor Wiederergänzung eines durch Verlust verminderten Guthabens ist die Auszahlung des Gewinnantheiles gleichfalls ausgeschlossen. Am Verluste nehmen auch die Einzahlungen Theil, welche über den ordnungsmässig zu leistenden Betrag hinausgehen [49]), und zwar hat der dadurch betroffene Genosse kein Regressrecht gegen einen anderen, welcher nur den geschuldeten Betrag eingezahlt hat. Beiläufig sei bemerkt [50]), dass in der Praxis die Vertheilung des Verlustes bei allen Genossenschaften dieselbe ist, wogegen die des Gewinnes je nach dem Zweck derselben verschieden geregelt ist. Die gesetzliche Vertheilungsart wird bei den Creditvereinen, von denen sie entlehnt ist, und den Productivgenossenschaften angewendet, wogegen bei den Consum-, Rohstoffvereinen und Magazingenossenschaften die Vertheilung des Gewinnes nach Abzug einer Capitaldividende gemäss dem Waarenbezuge bezüglich den als Lagergelder oder Verkaufsprocente geleisteten Beträgen von statten

---

[48]) G. G. § 19.
[49]) G. G. § 21.
[50]) Parisius & Crüger, S. 108.

geht. Bei den Raiffeisen'schen Darlehnskassen werden in der Regel nur »die für Darlehen oder noch besser für Anlehen« üblichen Zinsen an Stelle von Gewinnantheilen gewährt.

§ 5.
4. Rechtsverhältnisse zu dritten Personen.

Zu dritten Personen kann der Verein als solcher und das einzelne Mitglied in rechtliche Beziehungen treten: beides ist insbesondere da streng auseinander zu halten, wo der Verein nicht die reine Corporationsform zeigt.

I. Was den Verein als solchen anbetrifft, so kann »die offene Handelsgesellschaft unter ihrer Firma Rechte erwerben und Verbindlichkeiten eingehen, Eigenthum und andere dingliche Rechte an Grundstücken erwerben, vor Gericht klagen und verklagt werden« [1]. Ueber die Bedeutung der Firma, welche den Namen mindestens eines Theilhabers mit einem das Gesellschaftsverhältniss andeutenden Zusatz enthalten muss [2], welche mit der Errichtung des Gesellschaftsvertrages und den Namen sämmtlicher Theilhaber zur Eintragung in das Handelsregister anzumelden ist [3], bestehen verschiedene Meinungen. Auf keinen Fall ist sie gleich der Firma des Einzelkaufmannes, welche nur dessen handelsrechtlichen Namen darstellt. Sie bezeichnet ferner weder eine blosse

---
[1] H. G. B. Art. 111.
[2] H. G. B. Art. 17.
[3] H. G. B. Art. 86 No. 2.

Summe von Einzelverpflichteten [4]), unter einem »Rechnungsnamen« [5]), noch ist sie der Name einer von den einzelnen Gesellschaftern getrennten juristischen Person [6]), denn wenn das Wesen der letzteren darin besteht, Trägerin eigener Rechte zu sein und mit eigenem Vermögen für ihre Verbindlichkeiten zu haften [7]), so besitzt die offene Handelsgesellschaft, wie oben dargelegt, einerseits wohl eigenes Vermögen, aber ohne absolute Selbstständigkeit, andererseits haftet sie nicht mit diesem allein, sondern in cumulativer Concurrenz mit der principalen persönlichen Haftung des einzelnen Gesellschafters. Vielmehr ist die Firma die Bezeichnung der Gesellschafter in ihrer personenrechtlichen Verbundenheit [8]) als Collectiveinheit. »Im Gegensatz zu allen übrigen Rechtsgemeinschaften zur gesammten Hand ist die offene Handelsgesellschaft eine Gesellschaft zur gesammten Hand, die vertragsmässige Personengemeinschaft zu einer durch die Firma ausgedrückten und dem Handelsrecht unterstellten kaufmännischen Einheit« [9]). Als solche kann sie Rechte und Verbindlichkeiten erwerben, welche Bestandtheile des, wie oben ausgeführt, auch objectiv selbstständigen Gesellschaftsvermögens werden, dessen Grundstock in der Regel die vertragsmässige Capitalanlage sein wird. »Die Gesellschaft [10]) ist nach aussen hin gleich jeder Rechtsgemeinschaft zur gesammten

---

[4]) Lastig, S. 330 ff.; Laband, S. 50 f.; Thöl I, S. 326, S. 328. Entsch. d. R. G. in Civils. III S. 57.
[5]) Lastig, S. 334.
[6]) Endemann, S. 119; Eccius, S. 5 ff.; v. Sicherer, S. 111.
[7]) Windscheid I, S. 137.
[8]) Siehe oben § 3.
[9]) Gierke, G. Th. S. 436.
[10]) Gierke, G. Th. S. 581.

Hand befähigt, mit unmittelbarer Wirkung für die Gemeinsphäre einen einheitlichen Willen zu erklären und zu bethätigen, und somit gerichtlich und aussergerichtlich in einheitlicher Weise zu handeln.« Man darf die offene Handelsgesellschaft demnach nicht in zwei getrennte Theile zerschneiden, so dass sie nach innen lediglich als eine Societät, nach aussen nur als eine »Haftungsart« [11]) erscheint. Sie bleibt immer ein einheitliches Rechtsinstitut, der Kern des Ganzen, die personenrechtliche Verbundenheit zum gemeinsamen Betriebe eines Handelsgewerbes, mögen auch die Wirkungen derselben nach innen in der Hauptsache in den Bereich des Vertrages fallen, die nach aussen durch absolute Rechtsnormen geregelt sein. Der Grund der Verschiedenheit liegt in der geringen Erkennbarkeit der ersteren für Dritte, zu deren Sicherheit der Gesetzgeber einschreiten musste. Damit steht im Einklang, was oben über die Begründung des Gesellschaftsverhältnisses gesagt worden ist. Bei dieser Auffassung mag man der offenen Handelsgesellschaft »relative juristische Persönlichkeit« zuerkennen, deren äusseres Merkmal, aber nicht deren Grund [12]) die Firma bildet

Im Verkehr mit Dritten wird die Gesellschaft berechtigt und verpflichtet, durch Rechtsgeschäfte, welche unter gültiger Vertretung unter ihrem Namen abgeschlossen werden, sei es ausdrücklich, sei es, dass es aus den Umständen hervorgeht [13]). Dazu berechtigt ist jeder Gesellschafter als solcher, er ist

---

[11]) **Laband**, S. 508.
[12]) **Gareis**, S. 174.
[13]) **H. G. B.** Art. 114.

»geborener Vertreter« [14]) der Gesellschaft, wie er ipso iure zur Geschäftsführung berufen ist. Vertragsmässig kann die Vertretung einem oder mehreren Gesellschaftern ausschliesslich, jedem gleichmässig oder zu gemeinsamem Handeln übertragen sein [15]), zur rechtlichen Wirkung Dritten gegenüber aber bedarf es der Eintragung dieser Thatsachen, andernfalls ist die Gesellschaft unbeschadet ihrer Ersatzansprüche an den Einzelnen auch an solche Geschäfte gebunden, welche ein von der Vertretung ausgeschlossener Theilhaber in ihem Namen contrahirt hat. Die Vertretungsbefugniss der besonders dazu bestellten Gesellschafter beruht aber immer nur auf einem Vertrage, hat ihren Grund nicht im Gesetz, wie die des Vorstandes einer Corporation. Die Vertretung ist eine gerichtliche wie aussergerichtliche. Die Gesellschaft hat ihren eigenen Gerichtsstand bei dem Gericht, in dessen Bezirk ihr Wohnsitz liegt. Vorladungen und Zustellungen geschehen gültig an einen Vertreter der Firma. Derselbe darf Dritten gegenüber alle Arten von Geschäften und Rechtshandlungen im Namen der Gesellschaft vornehmen [16]), auch die ihr gehörigen Grundstücke veräussern und belasten. Eine vertragsmässige Beschränkung dieses weitgehenden Vertretungsrechts auf gewisse Geschäfte oder gewisse Arten von Geschäften, in Bezug auf Zeit und Ort gewinnt selbst durch Eintragung keine Wirkung gegen Dritte, giebt aber der Gesellschaft einen Anspruch auf Schadensersatz gegen den pflichtvergessenen Vertreter.

---

[14]) a. a. O. Gareis, S. 177.
[15]) H. G. B. Art. 115.
[16]) H. G. B. Art. 116.

»Die eingetragene Genossenschaft als solche hat selbstständig ihre Rechte und Pflichten; sie kann Eigenthum und andere dingliche Rechte an Grundstücken erwerben, vor Gericht klagen und verklagt werden« [17]). Diese Bestimmung des Gesetzes vom 1. Mai 1889 ist an die Stelle des § 11 des Gesetzes von 1868 getreten, welcher wörtlich mit dem oben erwähnten Art. 111 des H. G. B. über die Rechtsfähigkeit der offenen Handelsgesellschaft übereinstimmte. Der § 17 des neuen Gesetzes hat jetzt denselben Wortlaut wie der Art. 213 des H. G. B. über die Rechtsfähigkeit der Actiengesellschaft. Durch diese veränderte Fassung wollte der Gesetzgeber die Genossenschaft indirect als juristische Person kenntlich machen. »Die Bezeichnung [18]) »juristische Person« sei mit Absicht vermieden, weil die Bedeutung dieses Wortes von der Wissenschaft verschieden aufgefasst werde. Es genüge auch für die Bedürfnisse der Genossenschaften, wenn ihnen ohne technische Bezeichnung, lediglich dem Inhalt nach, jene Rechte zugetheilt würden, welche sie im Rechts- und Verkehrsleben zur Erreichung des genossenschaftlichen Zwecks brauchten. Im Uebrigen sei es aber unbedenklich, wenn die rechtliche Natur der Genossenschaften so gekennzeichnet würde, dass daraus hervorgehe, dass der Gesetzgeber ihnen die juristische Persönlichkeit zugestehe.«

Durch die authentische Declaration des Gesetzes ist dem Streit über die rechtliche Natur, der bei der offenen Handelsgesellschaft noch heute herrscht, die

---

[17]) G. G. § 17.
[18]) Parisius & Crüger, S. 99.

Spitze abgebrochen [19]). Dieselbe wird in der That gerechtfertigt durch den ganzen übrigen Inhalt des Gesetzes. Die Firma der Genossenschaft, welche einen essentiellen Bestandtheil des Statuts bildet, vom Gegenstande des Unternehmens entlehnt und mit einem die Genossenschaftsart bezeichnenden Zusatz versehen sein muss, darf weder den Namen eines Genossen noch anderer Personen enthalten [20]). Die Nichtgeschlossenheit der Mitgliederzahl, die Begründung der Mitgliedschaft, der ipso iure mögliche Wechsel der Mitglieder, die corporative Organisation, Alles deutet auf die juristische Persönlickeit der Genossenschaft hin. Und wenn die eigenthümlichen Sonderrechte und -pflichten der Genossen die unverkennbare Verwandtschaft der heutigen Erwerbs- und Wirthschaftsgenossenschaft mit der alten Genossenschaft des deutschen Rechts [21]) darthun, welche, wie beispielsweise die Zünfte und Gilden [22]), die ganze wirthschaftliche Persönlichkeit des Einzelnen nicht absorbirte, aber beherrschte, zugleich Gesammt- und Einzelwirthschaft, aber eine Verbandsperson war, während heute jede Art der eingetragenen Genossenschaften nur einen einzelnen Erwerbs- oder Wirthschaftszweck verfolgt, so kennzeichnet sich dadurch die eingetragene Genossenschaft als eine eigenthümliche Wirthschaftsform, nicht als ein eigenes Rechtsinstitut, welches von dem ab-

---

[19]) Gegen die juristische Persönlichkeit: Thöl, I S. 578; Laband, S. 300 fg.; für relative jur. Persönlichkeit: Gareis, S. 216; für die jur. Persönlichkeit: Endemann, S. 295; Goldschmidt, Z. S. 9; Stobbe, I S. 493; v. Sicherer, S. 106; Wolff, S. 799.
[20]) G. G. § 3.
[21]) Gierke, a. a. O. II S. 1030.
[22]) Gierke, a. a. O. II S. 1033.

stracten Begriffe der juristischen Person abwiche [23]). Das wesentliche Merkmal aber bildet das nach innen und aussen absolut selbstständige Vermögen, dessen gesetzliche Grundlage die Geschäftsantheile der Genossen bilden. Durch dieses wird die Genossenschaft fähig, »als solche« Trägerin eigener Rechte und Pflichten zu sein. Sie ist daher thatsächlich juristische Person, und dem geschieht, wie unten auszuführen sein wird, kein Eintrag durch die, sei es directe, sei es indirecte Personalhaft der Genossen im Falle des Concurses der Genossenschaft.

Die Genossenschaft wird mithin nur berechtigt und verpflichtet [24]) durch Rechtshandlungen des aus Mitgliedern bestehenden Vorstandes, dieser ist ihr gesetzlicher Vertreter [25]), wie ihm auch die Geschäftsführung obliegt. Die Mitglieder als solche sind wie von dieser so auch von der Vertretung ausgeschlossen. Im übrigen gelten gleiche Regeln. Die Vertretung ist eine gerichtliche und aussergerichtliche, der Gerichtsstand der Genossenschaft ist beim Gerichte des Sitzes ihrer Verwaltung. Die Vertretungsbefugniss ist Dritten gegenüber unbeschränkt [26]), die Ueberschreitung statutarisch festgesetzter Grenzen macht den Vorstand der Genossenschaft gegenüber verantwortlich.

II. Neben der offenen Handelsgesellschaft als Collectiveinheit haften die einzelnen Gesellschafter für die Schulden derselben solidarisch mit ihrem

---

[23]) Vergl. § 3 a. E.
[24]) G. G. § 28.
[25]) G. G. § 24.
[26]) G. G. § 27.

Privatvermögen [27]). Das Princip der Personalhaft, welches hierin ausgesprochen liegt, ist dem Begriff der offenen Handelsgesellschaft so wesentlich, dass es nicht wie die Vereinigung zu gemeinschaftlichem Geschäftsbetriebe in dem Gesellschaftsvertrage enthalten zu sein braucht, sondern vom Gesetz präsumirt wird, und zwar mit der Strenge, dass eine entgegenstehende Abrede gegen Dritte keine rechtliche Wirkung hat. In gleicher Weise und mit gleicher Strenge haftet auch der neueintretende Gesellschafter für alle vor seinem Eintritt von der Gesellschaft eingegangenen Verbindlichkeiten [28]). Hierin zeigt sich, dass die Gesellschaft trotz des Personenwechsels im Falle der Beibehaltung der Firma Dritten gegenüber dieselbe bleibt.

Die principale Personalhaft, bereits vor Einführung des H. G. B. im Gebiet des gemeinen Rechts dem Handelsgewohnheitsrecht angehörig [29]), bildet die eigentliche Grundlage des Credits, welchen die offene Handelsgesellschaft, wie jedes andere kaufmännische Unternehmen, welches sich über den reinen Baarverkehr erhebt, bedarf. [30]). Der Gläubiger gewinnt dadurch das Recht, zu wählen, ob er die Gesellschaft unter ihrer Firma oder ob er den einzelnen Gesellschafter als solchen auf die Gesellschaftsschuld belangen will. Die Gesellschaft als Ganzes steht somit zu jedem der einzelnen Gesellschafter und diese wieder unter einander im Verhältniss der

---

[27]) H. G. B. Art. 112.
[28]) H. G. B. Art. 113.
[29]) Endemann, S. 118.
[30]) Goldschmidt, Z. S 36 f.

einfachen Correalobligation [31]), d. h. ein einziges obligationenrechtliches Band verbindet mehrere Verpflichtete zur Leistung desselben Gegenstandes. Daraus folgt, dass durch Zahlung eines derselben die übrigen befreit werden, dass somit der von einem Dritten auf eine Gesellschaftsschuld belangte Gesellschafter ausser mit einer Gesellschaftsforderung mit einer ihm gegen denselben Dritten zustehenden Privatforderung compensiren und dass der Dritte gegen die Privatforderung eines Gesellschafters sowohl eine Privatschuld des Letzteren wie eine Gesellschaftsschuld zur Aufrechnung bringen kann [32]). Auf jeden Fall hat der einzelne Gesellschafter, dem weder die Einrede der Vorausklage, noch die der Theilung zusteht, Anspruch auf Ersatz gegen die Gesellschaft, gegen die übrigen Gesellschafter erst nach Auflösung des Gesellschaftsverhältnisses, da denselben keine Deckungspflicht obliegt [§ 4]. Im übrigen ist das rechtliche Schicksal der Gesammt- und Sonderschuld ein verschiedenes, besonders bezüglich der gerichtlichen Geltendmachung und der Klagenverjährung.

Wird die Gesellschaft unter ihrer Firma auf eine Gesellschaftsschuld belangt, so ist sie als Collectiveinheit selbstständige Processpartei [33]), auf ihre passive Sachlegitimation hat das Ausscheiden oder Neueintreten eines Gesellschafters während schwebenden Processes keinen Einfluss. Erlangt daher der Gläubiger ein obsiegliches Urtheil, so ist eine Zwangsvollstreckung nur in das Gesellschaftsvermögen zulässig, abgesehen davon, dass diese

---
[31]) Gierke, G. Th., S 551 ff.
[32]) Gareis, S. 182; Laband, S. 15,
[33]) Gierke, G. Th. S. 581 fg.; Eccius, S. 13 f.

schon aus processualen Gründen nur gegen den im Urtheil Benannten stattfinden darf [34]). Der Gesellschafter kann, sofern er ein rechtliches Interesse nachweist, als Nebenintervenient in den Process eintreten [35]) und erscheint dann als Streitgenosse [36]) der Gesellschaft, oder er kann selbstständig neben dieser verklagt werden. Andernfalls aber bedarf es, um eine Vollstreckung auch in das Sondervermögen des Einzelnen zu erwirken, obwohl das Urtheil gegen die Gesellschaft für die Sonderschuld präjudicirt, einer besonderen Klage gegen den Gesellschafter.

An und für sich unterliegen die Forderungen eines Dritten gegen die Gesellschaft während Bestehens des Gesellschaftsverhältnisses gleichmässig für alle Correalschuldner der Verjährung, welche der betreffenden Geschäftsklage nach bürgerlichem Recht eigen ist. Im Falle des Ausscheidens oder der Ausschliessung eines Gesellschafters aber verjährt dessen Sonderschuld in Ermangelung kürzerer Verjährungsfrist der betreffenden Klage in fünf Jahren [37]) seit Eintragung dieser Thatsachen oder seit dem späteren Fälligkeitstermin der Forderung, während die Verjährung der Gesammtschuld weiter läuft. Die Verjährung [38]) zu Gunsten des Gesellschafters kann dann nur noch durch Rechtshandlungen gegen ihn selbst unterbrochen werden. Im Falle der Auflösung der Gesellschaft folgt die Verjährung zu Gunsten des Einzelnen gleichen Grundsätzen, nur dass terminus

---

[34]) C. P. O. § 671.
[35]) C. P. O. § 63.
[36]) C. P. O. § 56.
[37]) H. G. B. Art. 146.
[38]) H. G. B. Art. 148.

a quo hier der Tag der Eintragung der Auflösung ist und dass die Unterbrechung der Verjährung durch Rechtshandlungen nicht nur gegen die Gesellschafter selbst, sondern auch gegen die Liquidatoren eintritt. Die Verjährung der Gesammtschuld dagegen überdauert die fünfjährige Frist noch um so lange, als ungetheiltes Gesellschaftsvermögen vorhanden ist [39]).

Ganz anders liegen die Verhältnisse bei der eingetragenen Genossenschaft. Durch Rechtshandlungen ihrer Vertreter wird sie allein berechtigt und verpflichtet [40]). Für die einzelne Verbindlichkeit haftet lediglich das Genossenschaftsvermögen, aus dem besonderen Verpflichtungsgrunde entsteht keineswegs zwischen der Genossenschaft und ihren Mitgliedern das Verhältniss der Correalobligation, sondern für jene nur eine Gesammt- für diese keine Sonderschuld.

Für die Verbindlichkeiten der Genossenschaft haften die Genossen, mögen jene auch vor ihrem Eintritt eingegangen sein, »nach Maassgabe dieses Gesetzes« [41]); und zwar hat ein entsprechender Vertrag keine rechtliche Wirkung. Das heisst: Während Bestehens der Genossenschaft stehen die Genossen mit ihrem Privatvermögen für solche gar nicht ein, erst in dem Falle, dass über das Genossenschaftsvermögen Concurs eröffnet worden ist, tritt die Haftpflicht ins Leben: auch hier zeigt sich also wieder die charakteristische Mittelstellung des Genossenschaftsrechts zwischen dem Rechte der offenen

---

[39]) H. G. B. Art. 147.
[40]) G. G. § 26.
[41]) G. G. § 23.

Handelsgesellschaft und dem normalen Corporationsrechte, und zwar dergestalt, dass selbst innerhalb des Genossenschaftsrechts wieder Unterschiede bestehen, welche mehr nach der einen oder nach der anderen Seite hin gravitiren. Die Haftpflicht ist nämlich eine verschiedene je nach der Genossenschaftsart:

1. Bei der Genossenschaft mit unbeschränkter Haftpflicht haben die Genossenschaftsgläubiger das Recht, drei Monate nach Vollstreckbarerklärung der Nachschussberechnung [§ 6], ungeachtet der Fortsetzung des Concursverfahrens jeden einzelnen Genossen auf den bis dahin erlittenen Ausfall zu belangen, für welchen die Genossen mit ihrem ganzen Privatvermögen solidarisch ohne Einrede der Theilung einstehen [42]). Auch die ausgeschiedenen Mitglieder, welche in Folge ihrer Auseinandersetzung mit der Genossenschaft der Deckungspflicht nicht mehr unterliegen, haften den Gläubigern noch persönlich für die bis zu ihrem Ausscheiden entstandenen Verbindlichkeiten, wenn binnen zwei Jahren nach Eintragung desselben die Concurseröffnung stattfindet [43]). Dieses äusserste Mittel ihre Befriedigung zu erlangen, steht den Gläubigern aber erst nach einer Frist von weiteren drei Monaten zu. Das Ausscheiden gilt dagegen als nicht erfolgt [44]), wenn es binnen sechs Monaten vor der Concurseröffnung stattfindet.

2. Bei der Genossenschaft mit beschränkter Haftpflicht gilt das Gleiche bis auf den Umfang der

---
[42]) G. G. § 116.
[43]) G. G. § 116.
[44]) G. G. § 73.

Haftung des Einzelnen [45]). Diese ist beschränkt auf eine der Zahl der Geschäftsantheile entsprechende Zahl von Haftsummen, deren Einzelbetrag, ein wesentlicher Punkt des Statuts, nicht unter den Geschäftsantheil hinabgehen darf [46]).

3. Bei der Genossenschaft mit unbeschränkter Nachschusspflicht ist die directe Haftung der Genossen gegenüber den Genossenschaftsgläubigern, ganz beseitigt. An ihrer Stelle steht eine verstärkte unbeschränkte Deckungspflicht [47]). Ist nach der dreimonatlichen Frist nach Vollstreckbarerklärung der Nachschussberechnung der Ausfall, den die Gläubiger im Concurse erleiden würden, nicht völlig gedeckt, so sind die in den letzten achtzehn Monaten ausgeschiedenen Mitglieder ungeachtet der Fortsetzung des Concursverfahrens zur Deckung heranzuziehen, und zwar erstreckt sich ihre Deckungspflicht auf alle Verbindlichkeiten der Genossenschaft, mögen sie vor oder nach ihrem Ausscheiden entstanden sein. Letzteres gilt auch hier als nicht erfolgt, sofern es nur sechs Monate vor Concurseröffnung zurückliegt. Diese Art der Deckungspflicht kann mit Fug als indirecte Haftpflicht [48]) bezeichnet werden. Denn während die Deckungspflicht der zur Zeit der Concurseröffnung vorhandenen Mitglieder wie bei den Genossenschaften mit unbeschränkter und beschränkter Haftpflicht als eine Verbindlichkeit gegen die Genossenschaft erscheint [§ 4], sind die ehemaligen Mitglieder, deren Ausscheiden über sechs Monate vor

---

[45]) G. G. § 135.
[46]) G. G. §§ 125, 129.
[47]) G. G. § 122.
[48]) Parisius & Crüger, S. LIV; Goldschmidt, Z. S. 61.

der Concurseröffnung zurückliegt, in Folge ihrer Auseinandersetzung von jeder Pflicht gegen die Genossenschaft befreit. Als Ausgleich für ihre Leistungen aus dieser indirecten Haftpflicht gewährt ihnen das Gesetz Ersatz aus den Nachschüssen der ersteren. Was den Inhalt der directen Haftpflicht anbetrifft — die indirecte wird im Anschluss an das Concursverfahren zu betrachten sein —, so ist Voraussetzung der gerichtlichen Geltendmachung einer Ausfallsforderung Feststellung derselben im Prüfungstermin [49]) des Concursverfahrens. Ist diese erfolgt, so bedarf es einer besonderen Klage gegen den Genossen; eine directe Zwangsvollstreckung ist auch hier unzulässig [50]), der Grund ist die Getrenntheit des Genossenschafts- und Privatvermögens. Somit ist die Ausfallsforderung wie die Sonderschuld des Gesellschafters einer offenen Handelsgesellschaft formell selbstständig, nicht aber auch materiell wie diese. Denn sie ist eben der Restanspruch einer schon zum Theil getilgten Genossenschaftsschuld, es fehlt die Identität des Objects [51]) für den Begriff der Correalobligation, damit hängt die Statthaftigkeit der Einreden zusammen, der Genosse darf solche nur erheben, wenn der Vorstand oder die Liquidatoren die Forderung im Prüfungstermin angefochten haben. Ebenso wirkt ein für oder gegen die Genossenschaft über eine bestrittene Forderung ergangenes Urtheil für oder gegen den einzelnen Genossen. Hat derselbe einen Genossenschaftsgläubiger befriedigt, so

---
[49]) G. G. § 116.
[50]) Goldschmidt, Z. S. 52.
[51]) Goldschmidt, Z. S. 58.

tritt er durch cessio legis in die Rechte desselben gegen die übrigen Genossen ein [52]), welche untereinander in Bezug auf die Ausfallsforderung im Verhältniss der einfachen Solidarobligation [53]) stehen: jeder von ihnen haftet gesondert auf dasselbe Schuldobject. Was die Klagenverjährung angeht, so darf der zweijährige Zeitraum, innerhalb dessen die ausgeschiedenen Genossen haftbar gemacht werden können, nicht als eine Verjährungsfrist angesehen werden, da für die Ausfallsforderung erst im Fall des Concurses actio nata ist. Ist sie aber einmal begründet, so verjährt sie in Ermangelung kürzerer gesetzlicher Verjährung in zwei Jahren [54]) seit Ablauf der drei- bez. sechsmonatlichen Frist. Die Verjährung wird durch Rechtshandlungen unterbrochen, welche gegen die Genossenschaft oder von derselben vorgenommen werden.

Die Haftung des Genossen ist somit im Gegensatz zu der mit der Gesellschaftsschuld ins Leben tretenden, ihr objectiv gleichen Sonderschuld des Gesellschafters eine durch den Eintritt des Consurses bedingte, durch den Ablauf der drei bez. sechsmonatlichen Frist betagte, auf den Rest der Genossenschaftsschuld beschränkte selbstständige Pflicht, im Gegensatz zur gesellschaftlichen Correalobligation, »eine im Wesen der Genossenschaft begründete gesetzliche Garantieverpflichtung nach Arr der Schadlosbürgschaft« [55]). Dieser Unterschied wird noch

---

[52]) G. G. § 118.
[53]) Goldschmidt, Z. S. 54.
[54]) G. G. § 117.
[55]) Goldschmidt, Z. S. 60.

dadurch verstärkt, dass bei der Genossenschaft mit beschränkter Haftpflicht nur ein Theil des Privatvermögens haftet, bei der Genossenschaft mit unbeschränkter Nachschussflicht der »Einzelangriff« ganz fortfällt. Das Verhältniss zwischen der principalen Personalhaft der offenen Handelsgesellschaft und der im höchsten Grade subsidiären der eingetragenen Genossenschaft wurde bereits vor Einführung des Gesetzes vom 1. Mai 1889 treffend mit folgenden Worten gekennzeichnet: »Es ist klar [56]), dass bei Gesellschaften dieser Art die unbeschränkte Haftung der einzelnen Mitglieder nicht mehr als ein natürliches, der Art der Gesellschaft schlechthin immanentes Princip, sondern als ein nur äusserliches, zur Verstärkung der Creditbasis und zur Erreichung gewisser sittlicher und wirthschaftlicher Zwecke hinzutretendes Supplement erscheint; dass eine Genossenschaft dieser Art ihres juristischen Wesens unbeschadet sich durchaus auch mit beschränkter Haftpflicht denken lässt«.

§ 6.

5. Concurs des Vereinsvermögens.

Aus der persönlichen Haftpflicht des Gesellschafters einer offenen Handelsgesellschaft und des Mitgliedes einer eingetragenen Genossenschaft entspringt nothwendiger Weise eine eigenthümliche Rechtsstellung derselben in dem über das Gesellschafts- bezw. Genossenschaftsvermögen eröffneten Concurse, welcher, soweit nicht über Eröffnung und Ver-

---

[56]) Goldschmidt, Z. S. 81.

fahren besondere gesetzliche Regeln vorhanden sind, den allgemeinen Bestimmungen der Reichsconcursordnung untersteht. Die Unterschiede in der rechtlichen Stellung des Einzelnen zeigen sich sowohl bei der Concurseröffnung wie in der Mitwirkung beim Verfahren.

I. Bei der offenen Handelsgesellschaft ist im Falle ihrer Zahlungsunfähigkeit (ausser den Gesellschaftsgläubigern) jeder Gesellschafter, nach Auflösung der Gesellschaft jeder Liquidator berechtigt, die Concurseröffnung zu beantragen. Das Gericht hat dem Antrage, falls derselbe nicht von allen Gesellschaftern gestellt ist, erst Folge zu geben, nachdem die Zahlungsunfähigkeit glaubhaft gemacht worden ist. Darauf sind auch die übrigen Gesellschafter resp. Liquidatoren behufs Geltendmachung etwaigen Widerspruchs zu hören [1]). Das Recht des Gesellschafters, die Concurseröffnung zu beantragen, ist ein Ausfluss seines Rechts zur Geschäftsführung.

Bei der eingetragenen Genossenschaft dagegen ist, wie zur Geschäftsführung so zu dem Antrage auf Eröffnung des Concursverfahrens niemals ein einzelner Genosse, sondern (abgesehen von den Gläubigern) nur der Vorstand berechtigt und verpflichtet; verpflichtet ist er dazu, wenn die Zahlungsunfähigkeit der Genossenschaft eingetreten ist, wenn nach Auflösung derselben sich eine bilanzmässige Ueberschuldung ergiebt [2]) und bei einer Genossenschaft mit beschränkter Haftpflicht, wenn sich bereits während Bestehens derselben eine bilanzmässige Ueberschuldung

---

[1]) K. O. § 199.
[2]) G. G. § 92.

zeigt, welche ein Viertheil des Betrages sämmtlicher Haftsummen übersteigt ³). Jedes Mitglied des Vorstandes ist für sich allein zum Antrage berechtigt, auch hier ist Glaubhaftmachung der Zahlungsunfähigkeit bezw. Ueberschuldung, nach Zulassung Anhörung der Uebrigen erforderlich.

II. Das über das Vermögen einer offenen Handelsgesellschaft verhängte Concursverfahren ist ein völlig selbstständiges ⁴) und hat die Concurseröffnung über das Privatvermögen des einzelnen Gesellschafters nicht nothwendig zur Folge. Auf Vorschlag aller Gesellschafter kann ein Zwangsvergleich abgeschlossen werden, welcher im Zweifel zugleich den Umfang der Personalhaft des Einzelnen beschränkt ⁵). Im Falle der Ausschüttung des Gesellschaftsvermögens tritt diese vor der Hand zurück, erst wegen des erlittenen Ausfalls können die Gesellschaftsgläubiger das Privatvermögen der Gesellschafter ⁶) in Anspruch nehmen. Ebensowenig wie bei Bestehen der Gesellschaft liegt diesen nach Eröffnung des Concurses eine Deckungspflicht gegen die Gesellschaft ob. Wird aber zu gleicher Zeit über das Privatvermögen eines Gesellschafters ein Concursverfahren eingeleitet, so sind die Gesellschaftsgläubiger berechtigt, ihre Forderungen gegen die Gesellschaft in letzterem zum vollen Betrage anzumelden ⁷); dieser ist so lange zurückzubehalten, bis der Ausfall im Gesellschaftsconcurse fest steht. Hat die Concurseröffnung über das Ge-

---

³) G. G. § 134.
⁴) K. O. § 198.
⁵) K. O. § 200.
⁶) H. G. B. Art. 122.
⁷) K. O. § 201.

sellschaftsvermögen die über das Privatvermögen eines Gesellschafters unmittelbar zur Folge, so steht den Gesellschaftsgläubigern, gegenüber den Privatgläubigern des Einzelnen, abgesonderte Befriedigung aus dessen Antheil am Gesellschaftsvermögen zu. Verzichtet ein Gesellschaftsgläubiger auf die Anmeldung seiner Forderung im Concurse der Gesellschaft, so nimmt er im Concurse über das Privatvermögen die Stellung eines einfachen Privatgläubigers ein [8]).

Wesentlich anders dagegen gestaltet sich die Sachlage bei der Erwerbs- und Wirthschaftsgenossenschaft. Einen nothwendigen Bestandtheil des dem Concursverfahren unterworfenen Genossenschaftsvermögens bildet nämlich die Deckungspflicht der Genossen, welche in einem, neben der Verwerthung der Masse vor sich gehenden Zwangsumlage-Verfahren realisirt wird. Die Genossen sind darnach verpflichtet, soweit die Genossenschaftsgläubiger bei der Schlussvertheilung des Concursverfahrens mit ihren Forderungen ausfallen, Nachschüsse zur Concursmasse zu leisten [9]). Aus dem Charakter der Deckungspflicht, als einer gesetzlichen Beitragspflicht, welche durch den Eintritt des Concursverfahrens wie die Haftpflicht bedingt, aber dann nicht weiter befristet ist, folgt, dass die Nachschüsse im Zweifel nach Köpfen zu leisten, mithin von der Höhe der Geschäftsantheile unabhängig sind und dass Beiträge, zu deren Leistung einzelne Genossen unvermögend sind, auf die Uebrigen vertheilt werden: hier verliert also die Genossenschaft vollständig den Charakter einer Capitalvereinigung,

---

[8]) Goldschmidt, Z. S. 38 f.
[9]) G. G. § 98.

und das persönliche, individualistische Moment findet in diesem Rechtssatz seinen stärksten und eigenthümlichsten Ausdruck.

Die Nachschusspflicht ist principiell unbeschränkt, so bei der Genossenschaft mit unbeschränkter Haftpflicht. Die Genossenschaft mit unbeschränkter Nachschusspflicht trägt darnach ihren Namen. Bei der Genossenschaft mit beschränkter Haftpflicht kann ihr Umfang nicht über den Gesammtbetrag der Haftsummen erstreckt werden [10]).

Das Umlageverfahren, welches nach dem Gesetz von 1868 durch den Vorstand erst am Ende und ausserhalb des Concursverfahrens durchgeführt wurde und, da zu gleicher Zeit die Geltendmachung der directen Haftpflicht den Gläubigern frei stand, lediglich eine Regelung der hieraus unter den Genossen entstehenden Regressansprüche [11]) bildete, ist jetzt ein Theil des Concursverfahrens. Der Concursverwalter hat sofort nach Niederlegung der von ihm aufzumachenden Bilanz auf der Gerichtsschreiberei eine Vorschussberechnung aufzustellen, in welcher der bilanzmässige Fehlbetrag auf die namentlich zu bezeichnenden Genossen vertheilt wird [12]). Die Beiträge sind so hoch zu wählen, dass trotz vorauszusehenden Unvermögens einzelner Genossen die Deckungssumme erreicht wird. Nachdem die Berechnung dem Concursgericht eingereicht ist, hat dasselbe einen nicht über zwei Wochen hinausliegenden Termin anzuberaumen, zu welchem die Genossen be-

---

[10]) G. G. § 135
[11]) G. G'. § 52.
[12]) G. G. § 99.

sonders zu laden sind [13]) — mindestens drei Tage vorher muss die Berechnung zur Einsichtnahme auf der Gerichtsschreiberei ausliegen —, um etwaige Einwendungen des Vorstandes, des Aufsichtsrathes der Genossenschaft oder sonst Betheiligter zu prüfen. Nach Beschlussfassung hierüber [14]) ist die Berechnung in diesem oder einem höchstens um eine Woche späteren Termin für vollstreckbar zu erklären, die Entscheidung ist zu verkünden und auf der Gerichtsschreiberei zur Einsicht der Betheiligten niederzulegen, worauf der Concursverwalter die Beträge von den Genossen einzuziehen [15]), nöthigenfalls mittelst einer vollstreckbaren Ausfertigung der Entscheidung und eines Auszuges aus der Berechnung die Zwangsvollstreckung einzuleiten hat. Die für vollstreckbar erklärte Berechnung kann der Genosse mittelst einer gegen den Concursverwalter zu richtenden Klage binnen der Nothfrist eines Monats seit Verkündung der Entscheidung anfechten [16]), jedoch nur, falls er den Anfechtungsgrund im Termin geltend gemacht hat oder ohne sein Verschulden nicht hat geltend machen können. Die Rechtskraft des Urtheils erstreckt sich auf alle zur Deckung herangezogenen Genossen. In soweit der zu deckende Gesammtbetrag nicht erreicht wird, sei es infolge Unvermögens einzelner Genossen, sei es infolge der sich aus der Anfechtungsklage ergebenden Aenderungen der Vorschussberechnung, hat der Concursverwalter eine Zusatzrechnung, erforderlichen Falls mehrere aufzustellen [17]), welche gleich-

---

[13]) G. G. § 100.
[14]) G. G. § 101.
[15]) G G. § 102.
[16]) G. G. § 104.
[17]) G. G. § 106.

falls den augeführten Regeln unterliegen. Mit Beginn der Schlussvertheilung des Concursverfahrens endlich hat derselbe in einer die Vorschussberechnung und ihre etwaigen Zusätze ergänzenden und berichtigenden Nachschussberechnung die von den Genossen gemäss ihrer Deckungspflicht zu leistenden Beiträge endgiltg zu fixiren [18]). Nach Vollstreckbarerklärung der Nachschussberechnung hat er unverzüglich den Bestand der bis dahin eingezogenen Beiträge und, so oft hinreichender Bestand neu eingehender Beträge vorhanden ist, diesen im Wege der Nachtragsvertheilung unter die Gläubiger zu vertheilen [19]). Sind drei Monate nach disem Zeitpunkte die Ausfälle der Gläubiger noch nicht gedeckt, so steht denselben jetzt bei den Genossenschaften mit unbeschränkter und beschränkter Haftpflicht, wie oben ausgeführt, directe Geltendmachung der letzteren frei [20]), während bei der Genossenschaft mit unbeschränkter Nachschusspflicht gegen die innerhalb von achtzehn Monaten vor Eröffnung des Concursverfahrens ausgeschiedenen Genossen ein dem geschilderten durchweg gleiches Umlageverfahren eintritt [21]). Ersteres nimmt ungeachtet der Geltendmachung der directen Haftpflicht oder jenes besonderen Nachschussverfahrens seinen ungestörten Fortgang und dient jetzt dazu, die Ersatzansprüche der haftbar gemachten Genossen bezw. früheren Mitglieder gegen die Genossenschaft zu regeln [22]). Das Concursverfahren kann nicht, wie

---

[18]) G. G. § 107.
[19]) G. G. §§ 103 und 108.
[20]) G. G. §§ 116 und 135.
[21]) G. G. §§ 122—124.
[22]) G. G. §§ 118, 135; § 124.

bei der offenen Handelsgesellschaft, durch Zwangsvergleich beendigt werden, erst nach begonnener Schlussvertheilung ist mit Zustimmung aller in derselben berücksichtigten Gläubiger eine Einstellung des Verfahrens zulässig [23]).

Während bei der offenen Handelsgesellschaft die Durchführung der Regressansprüche den Gesellschaftern, welche nach ungenügender Befriedigung der Gläubiger im Gesellschaftsconcurse persönlich haftbar gemacht worden sind, mit Fug überlassen werden kann, hat das neue Gesetz [24]) den Regress gegen die einzelnen Genossen, welcher nach dem Gesetz von 1868 zu unzähligen endlosen Processen führte, in einen gesetzlichen Ersatzanspruch gegen die Genossenschaft umgewandelt und durch den früheren Beginn des Nachschussverfahrens Scheingeschäfte und betrügliche Vermögensübertragung gewissenloser, die Einzelhaft fürchtender Genossen zurückgedrängt.

§ 7.

6. Beendigung der Mitgliedschaft.

Die Aufhebung des Gesellschaftsverhältnisses bez. der Mitgliedschaft kann geschehen einmal durch das Ausscheiden eines Gesellschafters bez. Genossen mit nachfolgender Auseinandersetzung, sodann selbstverständlich durch Auflösung der Gesellschaft bez. Genossenschaft mit nachfolgender Liquidation.

---

[23]) G. G. § 100.
[24]) Entwurf S. 53 fg.

I. Aus dem Begriff der offenen Handelsgesellschaft als einer Collectiveinheit folgt, dass ebenso wie der Eintritt eines Dritten in das bestehende personenrechtliche Verhältniss, so das Ausscheiden eines Gesellschafters auf den Bestand der Gesellschaft nicht ohne Einfluss bleiben kann. Im Zweifel muss dasselbe daher die Auflösung der Gesellschaft zur Folge haben [1]). Aber ebenso wie dort ein den Gesellschaftsvertrag abändernder Vertrag im Falle der Beibehaltung der Firma nur das innere Verhältniss neu regelt, während die Gesellschaft Dritten gegenüber dieselbe bleibt, so kann auch hier vertragsmässig die Fortsetzung der Gesellschaft für den Fall des Ausscheidens eines Gesellschafters vorgesehen sein [2]). Ist eine solche Uebereinkunft vor Auflösung der Gesellschaft geschlossen, »so endigt die Gesellschaft nur in Beziehung auf den Ausscheidenden«. In den Fällen, in denen aus Gründen, welche in der Person eines Gesellschafters liegen, die vorzeitige Auflösung gefordert werden darf, kann auf Antrag aller Gesellschafter auf Ausschliessung desselben erkannt werden [3]). Endlich kann im Gesellschaftsvertrage für den Fall des Todes eines Gesellschafters die Fortsetzung der Gesellschaft mit den Erben des Verstorbenen festgesetzt sein [4]).

Die einzelnen Gründe, aus welchen ein Ausscheiden aus der im übrigen fortbestehenden Gesellschaft erfolgen kann, sind [5]):

---

[1]) Siehe unten No. II.
[2]) H. G. B. Art. 127.
[3]) H. G. B. Art. 128.
[4]) H. G. B. Art. 123 No. 2 a. E.
[5]) H. G. B. Art. 123 No. 2, 3, 6.

1. Tod des Gesellschafters.
2. Eröffnung des Concursverfahrens über sein Privatvermögen oder Verlust der Handlungsfähigkeit.
3. Aufkündigung des Gesellschafters, welche sechs Monate vor Ablauf des Geschäftsjahres zu erfolgen [6]) hat, bei Gesellschaften auf unbeschränkte Zeit.
4. Sechsmonatliche Aufkündigung seitens des Privatgläubigers [7]) eines Gesellschafters, welcher nach fruchtloser Zwangsvollstreckung in dessen Privatvermögen Einweisung in das dem Gesellschafter nach Auseinandersetzung zukommende Guthaben erwirkt hat, mag die Gesellschaft auf bestimmte oder unbestimmte Zeit eingegangen sein.
5. Ausschlussurtheil [8]) aus Gründen, welche in der Person eines Gesellschafters liegen. Das Gesetz nennt als solche, ohne sie erschöpfen zu wollen: Unredlichkeit in der Geschäftsführung, Vernachlässigung wesentlicher Pflichten, Missbrauch der Firma für Privatzwecke, anhaltende Krankheit.

Die Eintragung [9]) des Ausscheidens oder Ausschlusses eines Gesellschafters ist wie bei Begründung des Gesellschaftsverhältnisses nicht nothwendig, aber zum Beweise nützlich.

Bei der Auseinandersetzung, welche zwischen dem Gesellschafter und der Gesellschaft auf Grund der Vermögenslage der letzteren zur Zeit des Ausscheidens oder zur Zeit der Behändigung der Klage

---

[6]) H. G. B. Art. 124.
[7]) H. G. B. Art. 126.
[8]) H. G. B. Art. 125.
[9]) H. G. B. Art. 129.

auf Ausschliessung stattfindet, hat der Gesellschafter nur einen Anspruch auf Auszahlung des ihm nach einer aufzustellenden Bilanz zukommenden Werthantheils [10]). Die Beendigung der laufenden Geschäfte [11]) muss er sich in der Weise gefallen lassen, wie sie nach dem Gutdünken der verbleibenden Gesellschafter am vortheilhaftesten erscheint, wogegen er an späteren Geschäften, Rechten und Verbindlichkeiten nur in so fern theilnimmt, als sie die Folge des zur Zeit seines Ausscheidens bez. Ausschlusses bereits Geschehenen sind.

Das Ausscheiden eines einzelnen Genossen dagegen bleibt ebenso wie der Eintritt eines solchen nach Eintragung der Genossenschaft völlig einflusslos auf den Bestand der Genossenschaft als Gesammtheit. Im Interesse der Gläubiger aber wie der übrigen Mitglieder ist die Austritts- wie Beitrittserklärung an bestimmte wesentliche Formen geknüpt, nur im Falle des Todes des Genossen [12]) gilt dessen Ausscheiden ipso iure als am Ende des betreffenden Geschäftsjahres erfolgt. Bis zu diesem Zeitpunkt wird die Mitgliedschaft durch die Erben des Verstorbenen fortgesetzt. Im Uebrigen gelten als Titel zum Ausscheiden des Genossen [13]):

1. schriftliche Aufkündigung des Genossen, welche mindestens drei Monate vor Ablauf des Geschäftsjahres zu erfolgen hat. Ein entgegenstehendes Abkommen hat keine rechtliche Wirkung.

---

[10]) H. G. B. Art. 139; vergl. § 4 I.
[11]) H. G. B. Art. 130.
[12]) G. G. § 75.
[13]) G. G. §§ 63—66.

2. Aufkündigung des Privatgläubigers mit beigefügter beglaubigter Abschrift des Schuldtitels und den Urkunden über die fruchtlose Zwangsvollstreckung.

3. schriftliche Austrittserklärung des Genossen oder eine entsprechende Erklärung der Genossenschaft im Falle der Aenderung des Wohnsitzes, wenn dieser statutenmässig die Mitgliedschaft bedingt.

4. Ausschluss des Genossen durch Organe der Genossenschaft — ein Moment, welches wiederum den stärksten Gegensatz der Genossenschaft zur reinen Capitalgemeinschaft [Actiengesellschaft, Gewerkschaft] documentirt. Dieser Ausschluss kann erfolgen wegen Verlustes der bürgerlichen Ehrenrechte oder Theilnahme an einer Genossenschaft, welche an demselben, bei Vorschuss- und Creditvereinen auch an einem anderen Orte ein gleichartiges Geschäft betreibt. Durch Statut sind noch andere Ausschliessungsgründe zulässig. Von der für den Vorstand obligatorischen Mittheilung dieses Beschlusses an den Genossen ab verliert der letztere das Recht, an der Generalversammlung theilzunehmen oder Mitglied des Vorstandes bez. Aufsichtsraths zu sein.

In den aufgeführten Fällen ist das Ausscheiden als am Schlusse des Geschäftsjahres erfolgt anzusehen. Das Ausscheiden selbst erfolgt auf Grund dieser Titel — die erwähnten schriftlichen Urkunden sind dem Registerrichter durch den Vorstand einzureichen — durch Eintragung in die Mitgliederliste [14]), welche

---

[14]) G. G. §§ 67, 68.

vor Schluss des Geschäftsjahres vorgenommen sein muss. Um in den Fällen sub. 1 und 2 einer verspäteten Einreichung der Aufkündigung vorzubeugen, hat das Gericht auf Antrag des Genossen oder seines Gläubigers den Grund des Ausscheidens und den Jahresschluss, zu welchem dasselbe erfolgen soll, vorzumerken [15]). Dann gilt das Ausscheiden als zu diesem Termin erfolgt, wenn der Vorstand die Thatsachen durch schriftliche Beglaubigung bei Einreichung der erwähnten Urkunden anerkannt hat.

5. Uebertragung des Geschäftsguthabens [16]) zu beliebiger Zeit. Diese Neuerung ist durch das Gesetz vom 1. Mai 1889 eingeführt [17]), um dem Genossen die durch die Modalitäten der Aufkündigung sehr erschwerte Verfügung über sein Guthaben während des Geschäftsjahres zu ermöglichen. Um aber das feste Band der Personalhaft nicht zu lockern, ist auch hier, wie oben ausgeführt, Eintragung erforderlich.

Tritt binnen sechs Monaten nach Ausscheiden des Genossen, die Auflösung der Genossenschaft ein, so gilt ersteres als nicht erfolgt [18]).

Bei der Auseinandersetzung [19]), welche auf Grund des Vermögensstandes der Genossenschaft zur Zeit des Ausscheidens erfolgt, hat der Genosse, wie oben ausgeführt, nur ein Forderungsrecht auf sein bilanzmässiges Geschäftsguthaben, an das übrige Vermögen der Genossenschaft hat er keinen Anspruch.

[15]) G. G. § 69.
[16]) G. G. § 69; siehe oben § 2.
[17]) Entwurf S. 151.
[18]) G. G. § 73.
[19]) G. G. § 71.

Im Falle der Ueberschuldung desselben hat er in Folge der Deckungspflicht den ihn treffenden Kopftheil zu dem sich ergebenden Fehlbetrage zuzuzahlen. Seine Klage auf das Geschäftsguthaben verjährt in zwei Jahren.

II. Die rechtliche Stellung des Gesellschafters und des Genossen bei Auflösung der Gesellschaft bez. Genossenschaft ist keine wesentlich verschiedene. Hier wie dort tritt dieselbe ipso iure ein, und ist von der Eintragung in das Handels- bez. Genossenschaftsregister unabhängig [20]). Nur die einzelnen Auflösungsgründe sind verschieden. Bei der offenen Handelsgesellschaft treten zu den in der Person des Gesellschafters liegenden Gründen noch hinzu [21]):

1. Eröffnung des Concurses über die Gesellschaft.
2. Gegenseitige Uebereinkunft.
3. Ablauf der Zeit, auf deren Dauer die Gesellschaft eingegangen ist.

Die Auflösung der eingetragenen Genossenschaft tritt in folgenden Fällen ein [22]):

1. Eröffnung des Concurses über die Genossenschaft.
2. Beschluss der Generalversammlung mit einer Mehrheit von dreiviertel der erschienenen Genossen.
3. Ablauf der Zeit, auf welche die Genossenschaft errichtet ist.
4. Gerichtsbeschluss auf Antrag des Vorstandes, in Ermangelung desselben binnen sechs Monaten von

---

[20]) H. G. B. Art. 129; G. G. §§ 76, 80.
[21]) H. G. B. Art. 123.
[22]) G. G. §§ 76—79.

Amtswegen, wenn die Zahl der Mitglieder weniger als sieben beträgt.

5. Beschluss des Verwaltungsgerichts bez. der Verwaltungsbehörde, wenn die Genossenschaft sich gesetzwidriger, das Gemeinwohl schädigender Handlungen oder Unterlassungen schuldig macht oder andere als die geschäftlichen Zwecke verfolgt.

Die Liquidation [23]), welche die Auseinandersetzung zwischen den einzelnen Gesellschaftern bez. Genossen bewirken soll, liegt im Zweifel hier dem Vorstande, dort den Gesellschaftern als solchen ob. Das Verfahren, welches im Grossen und Ganzen die oben hinsichtlich der Geschäftsführung erwähnten Verschiedenheiten zeigt, liegt ausserhalb des Bereichs der hier behandelten Frage. Die Vertheilung des Vermögens, welche bei der offenen Handelsgesellschaft den Gesellschaftern bez. Liquidatoren frei überlassen ist, darf bei der eingetragenen Genossenschaft erst nach Deckung oder Tilgung aller Schulden und nach Ablauf eines Sperrjahres von dem Tage ab, an welchem die Aufforderung an die Gläubiger sich zu melden zum dritten Mal ergangen ist, stattfinden [24]) und erfolgt [25]) in Ermangelung statutarischer Regelung:

1. bis zu dem Gesammtbetrage der sich aus der ersten Liquidationsbilanz ergebenden Geschäftsguthaben nach Verhältniss der letzteren. Auf die Höhe derselben bleiben die seit der letzten Jahresbilanz geleisteten Einzahlungen, soweit darnach der für den Zeitraum zwischen der letzten Jahres- und der ersten

---
[23]) H. G. B. Art. 133—145; G. G. §§ 81—87.
[24]) G. G. § 89.
[25]) G. G. § 90.

Liquidationsbilanz sich ergebende Gewinn oder Verlust berechnet werden soll, ohne Einfluss. Der etwa erzielte Gewinn ist dem Guthaben auch in soweit zuzuschreiben, als dadurch der Geschäftsantheil überschritten wird.

2. Ueberschüsse über den Gesammtbetrag dieser Guthaben sind nach Köpfen zu vertheilen: ein Rechtssatz, welcher der Deckungspflicht der Genossen vollständig conform wie diese den persönlichen, nicht capitalistischen Charakter der Genossenschaft lebendig zum Ausdruck bringt.

Litteratur.

Thöl, Das Handelsrecht, Bd. I, Leipzig 1879; citirt: Thöl.

Endemann, Das deutsche Handelsrecht, Heidelberg 1887; citirt: Endemann.

Gareis, Das deutsche Handelsrecht, Berlin, Leipzig 1888; citirt: Gareis.

Lastig, Handelsgesellschaften in Endemann's Handbuch, Leipzig 1881; citirt: Lastig.

Wolff, Die Genossenschaft in Endemann's Handbuch; citirt: Wolff.

Gierke, Das deutsche Genossenschaftsrecht, Bd. I—III, Berlin 1868—81; citirt: Gierke, I, II, III.

— Die Genossenschaftstheorie und die deutsche Rechtsprechung, Berlin 1887; citirt: Gierke G. Th.

Stobbe, Deutsches Privatrecht, Bd. I, Berlin 1882 bis 86; citirt: Stobbe.

Windscheid, Lehrbuch des Pandektenrechts, Bd. I, Frankfurt a./M. 1887.

Laband, »Zur Dogmatik der Handelsgesellschaften«, in Goldschmidt's Zeitschr. Bd. XXX und XXXI; citirt: Laband.

Goldschmidt, Erwerbs- und Wirthschaftsgenossenschaften in Goldschmidt's Ztschr. Bd XXXII; citirt: Goldschmidt Z.

Eccius, Die offene Handelsgesellschaft als Processpartei in Goldschmidt's Zeitschr. Bd. XXXII; citirt: Eccius.

v. Sicherer, Die Genossenschaftsgesetzgebung in Deutschland, Erlangen 1872; citirt: v. Sicherer.

Entwurf eines Gesetzes betr. die Erwerbs- und Wirthschaftsgenossenschaften nebst Begründung und Anlage. Amtliche Ausgabe. Berlin 1888; citirt: Entwurf.

Parisius & Crüger, Das Reichsgesetz betr. die Erwerbs- und Wirthschaftsgenossenschaften, Berlin 1890; citirt: Parisius & Crüger.

Das Allgemeine deutsche Handelsgesetzbuch; citirt: H. G. B.

Gesetz betr. die privatrechtl. Stellung der Erwerbs- und Wirthschaftsgenossenschaften vom 4. Juli 1868; citirt: G. G'.

Gesetz betr. die Erwerbs- und Wirthschaftsgenossenschaften vom 1. Mai 1889; citirt: G. G.